# ABER JETZT IST SCHLUSS!

Neue ungehaltene Reden
ungehaltener Frauen

Herausgegeben von Friederike Emmerling, Julia Blando,
Friedrich Block, Judith Heinz und Johanna Schwung

FISCHER Taschenbuch

2. Auflage 2025

Erschienen bei FISCHER Taschenbuch
Frankfurt am Main, Februar 2024

© 2024 S. Fischer Verlag GmbH,
Hedderichstr. 114, D-60596 Frankfurt am Main
Die Nutzung unserer Werke für Text- und Data-Mining
im Sinne von § 44b UrhG behalten wir uns explizit vor.

Satz: Dörlemann Satz, Lemförde
Druck und Bindung: CPI books GmbH, Leck
ISBN 978-3-596-71043-0

Kontaktadresse nach EU-Produktsicherheitsverordnung:
produktsicherheit@fischerverlage.de

# Inhalt

**Wir sind nicht machtlos** 9

Cara Platte
   Was kann ich darüber fragen, Frau zu sein? 15

Mara Aigua
   An die Andere in deinem Gesicht 22

Marianne Strauhs
   Eines geht noch ... 29

Clara Schiffling
   Hier bin ich dort 36

Birgit Ehrenberg
   Frauengeschichten? 44

Rameza Monir
   Die bekannte Fremde 55

Svenja Hünicke
   Es geht ums Gendern, aber nicht um Sternchen 60

Kathrin Thenhausen
    Rede über etwas, das nicht ganz war  67

Corinne Othenin-Girard
    Das Lesen meines Geschriebenen ist dem Sprechen
    wie ein Geländer (oder über meine Sprache in einem
    halben Satz)  74

Maya Alou
    Und wer da stirbt, der erwacht zum ewigen
    Leben  77

inka°witz
    das ICH im folgenden  83

Kerstin Simon
    Ich, larmoyant  91

Lea Samira Maier
    Ich schlucke nicht mehr, oder:
    Eine Selbstverpflichtung zum Wütendsein  96

Luca Tamara Yaa Amponsah
    Von der Diktatur der Kahlrasur und
    anderen Begleiterscheinungen des Sommers  103

Anne Sicking
    »Das wirst du doch nie wieder los«  111

Susanna Ohlsen
    Ahnungslos:Sprachlos  117

Katharina Linnepe
    Ich bin nicht schuld  123

Marion Otto
    Wenn die Mütter streiken würden  127

Dagmar Sommer
    DU  138

Andrea Fleckner
    Autismus aus der Innensicht  143

Christine Finke
    Autismus aus Muttersicht  148

Veronika Litschel
    Dazwischen  153

Fred Heinemann
    YOUR BODY IS A SKYSCRAPER  159

Käthe Lorenz
    FLAWLESS  167

Alina Mathias
    »Begrenz mich«  173

Tina Adomako
    Wie mich ein alter Mann dazu brachte,
    für Sie eine Rede zu schreiben  177

Christina M. Erdmann
    Darf ich das so sagen?  183

Dr. Ute Altanis-Protzer
   Siebzig Jahre ungehalten  190

Sandra Meyer
   Ich bin VIELE  196

Michèle Métail
   BESCHREIBUNG EINER UNSICHTBAREN REDE  201

## Wir sind nicht machtlos

Welche Frau[1] kennt das nicht? Eine zu enge Hose, ein schlecht sitzender Rock, eine verrutschte Strumpfhose. Zuhause dann die köstlichste aller Verwandlungen. Jogginghose, Strickjacke, dicke Socken, wilde Locken. Oh süße Freiheit für Körper und Geist. Das denkt sich auch Eleonore Garazzo. Nur radikaler. Sie kündigt einfach gleich ihr ganzes bürgerliches Leben auf und lässt sich ein Katzenfell auf den Leib nähen. Von nun an will sie nicht mehr Frau, sondern nur noch Katze sein. Und weil Eleonore Garazzo wohlhabend und tatkräftig ist, gelingt ihr das auch weitestgehend. Geschickt entzieht sie sich jeder Verantwortung. Sie hat keine Kinder, keine Beziehung und lässt die demente Mutter im Heim versorgen. So fühlt sich Freiheit an? Die Möglichkeiten ihrer Verwandlung sind natürlich begrenzt. Vieles kann der menschliche Körper nur simulieren. Doch davon lässt Eleonore Garazzo sich nicht abschrecken. Sie folgt dem Tier in ihr – soweit es geht – und zieht sich in die eigenen vier Wände zurück. Andere Menschen interessieren sie nicht mehr. Sprechen empfindet sie zunehmend als überflüssig. Sie fühlt sich frei. Keine Zuschreibungen mehr, keine Erwartungshaltung, keine Verantwortung, einzig und allein pures SEIN. Schwer zu sagen, ob eine Frau wie Eleonore Garazzo sich als Vorbild eignet. Sie denkt ausschließlich an sich selbst. Dabei ist sie allerdings beeindruckend konsequent. Was andere denken, ist ihr völlig egal. Immerhin hat sie es mit ihrer Kompromisslosigkeit auf das Cover dieses Buches geschafft. Was ihr bestimmt ebenfalls ziemlich egal wäre. Aber das Bild würde ihr gefallen. Wie sie so herausfordernd schaut, so furchtlos. Und wie sie gerade eine Taube gerissen zu haben scheint. »Die Katze Eleonore« ist eine Theaterfigur und wurde von der Dramatikerin Caren Jeß erfunden. 2023 gewann Caren Jeß mit diesem Monolog für eine Frau die wichtigste Auszeichnung für deutschsprachige Dramatik, den Mülheimer Dramatikpreis. Die Illustratorin Julia Diederich hat das beeindruckend katzenhafte Spiel der Schauspielerin Karina Plachetka in der Dresdner Uraufführungsinszenierung auf diesem Bild festgehalten.

Was haben die Katze Eleonore und die ungehaltenen Reden ungehaltener Frauen gemeinsam? Viel. Sie sind Frauen, sie sind ungehalten und für sie gilt: »Aber jetzt ist Schluss!« Mit diesem Satz teilt sich das Jetzt in ein Vorher und Nachher. Eva Schulz-Jander hat diese Forderung im vergangenen Jahr in ihre Rede hineingeschrieben. Ihr Zitat als Titel dieses Buchs soll eine Brücke zwischen den Reden schlagen. Das Feuer wird weitergereicht. Weil sich die ungehalten redenden Frauen – glücklicherweise und sehr im Gegensatz zu Eleonore Garazzo – für ein Miteinander entschieden haben. Und dieses Miteinander wuchert weiter. Mit jeder Frau, die das Wort ergreift, wird es dichter, höher und breiter. Mit unaufhaltsamer Wucht durchbricht es laut die Stille.

Seit 2021 laden die Stiftung Brückner-Kühner und der S. Fischer Theaterverlag Frauen jeden Alters und jeder Herkunft dazu ein, ihre eigene ungehaltene Rede zu halten, sich dabei zu filmen und sie als Video einzureichen. Und weil diesem Aufruf mittlerweile mehr als 300 Frauen gefolgt sind und allein im letzten Jahr 138 Reden eingereicht wurden und viele Frauen der Veröffentlichung ihrer Reden auf www.ungehalten.net zugestimmt haben, ist ein beeindruckendes Redenarchiv entstanden. Hier schlägt das pulsierende Herz dieses Projekts. Fast 100 Videos mit ungehaltenen Reden sind dort zu sehen. Faszinierenderweise scheinen sie ein Eigenleben zu führen. Sie reagieren aufeinander, ohne voneinander gewusst zu haben. Eine Frau beschreibt Ängste, eine andere erzählt, wie sie mit ihren umgeht. Eine findet sich in ihrem Körper nicht zurecht, eine andere feiert ihre Defizite. Obwohl nicht alle einer Meinung sind, weiß doch jede Einzelne, wie viel Mut es erfordert, eine ungehaltene Rede zu halten. Und dieser Mut ist in jeder Rede deutlich spürbar. Alle Frauen machen sich durch ihre Offenheit sehr verletzlich. Aber sie sind dabei – im wahrsten Sinne des Wortes – entwaffnend ehrlich. Viele Reden erschüttern und machen wütend. Gleichzeitig spenden sie aber auch Trost, ermutigen, inspirieren, sind komisch, skurril, durchgedreht und so gegensätzlich wie die Frauen selbst. Von der Pubertät bis ins hohe Alter versammeln sich in diesem Buch die ungehaltenen Frauen. Und jede Rede ist ein kleines Leuchtfeuer in dieser komplizierten und komplexen Welt, der wir nicht anders als suchend begegnen können.

Der Einsendeschluss für die ungehaltenen Reden war am 30. Juli 2023. Die Entscheidung der Jury fiel Anfang Oktober. Danach überschlugen sich die traurigen Ereignisse im Nahen Osten. Es scheint, als ob die Welt sich immer schneller dreht. Wir können einfach nicht wissen, was heute Abend, morgen früh oder im nächsten Jahr passieren wird. Und wir fühlen uns sehr hilflos. Aber wenn viele Menschen versuchen würden zu verstehen, was andere ungehalten macht, und wenn viele Menschen versuchen würden zu erklären, warum sie ungehalten sind, wäre das ein großer Schritt aufeinander zu. Carolin Emcke beschreibt es in ihrem Buch »Gegen den Hass« so tröstlich: »Präzise lässt sich nicht gut hassen. Mit der Präzision käme die Zartheit, das genaue Hinsehen oder Hinhören, mit der Präzision käme jede Differenzierung, die die einzelne Person mit all ihren vielfältigen, widersprüchlichen Eigenschaften und Neigungen als menschliches Wesen erkennt.« Je länger das Ungehalten-Projekt dauert, desto spürbarer wird, dass es nicht allein ums Reden, sondern auch ums Zuhören geht. Das klingt leicht. Ist es aber nicht. Weil Zuhören Großzügigkeit erfordert. Großzügigkeit im Aushalten anderer Meinungen, im Ausredenlassen, im gegenseitigen Respekt. Großzügigkeit wird gerne mit Nettsein verwechselt. Dabei geht es um eines bei den ungehaltenen Reden ungehaltener Frauen sicher nicht: Nettsein. Nett waren Frauen viel zu lange. Höchste Zeit für die Kompromisslosigkeit einer Eleonore Garazzo und das kraftvoll laute Miteinander all der Ungehaltenen: Aber jetzt ist Schluss!

Wir sind nicht machtlos. Wir können reden. Und wir können zuhören.

Friederike Emmerling

---

1 Der Begriff Frauen meint in diesem Buch und im Kontext des Ungehalten-Projekts der Stiftung Brückner-Kühner und des S. Fischer Theaterverlags alle Menschen, die sich als Frauen identifizieren. Das Wort Frau soll als Einladung verstanden werden, nicht als Ausgrenzung. Es ist genug Platz in diesem Wort, um all jenen eine Zugehörigkeit zu geben, die sich im Kontext des Weiblichen bewegen. Dieser Kontext ist wichtig, weil sich anhand der weiblichen Vielstimmigkeit zeigt, wie unterrepräsentiert die verschiedenen Perspektiven von Frauen in fast allen Bereichen des Lebens sind. Deshalb können gar nicht genug Frauen ungehaltene Reden halten. Am besten widersprechen sie sich andauernd. Genau in dieser Ambivalenz liegt die Möglichkeit.

Cara Platte

## Was kann ich darüber fragen, Frau zu sein?

Sehr geehrte Damen und Herren und alles dazwischen und außerhalb,
ich heiße Cara, bin siebzehn Jahre alt und definiere mich als Frau. Zumindest glaube ich das.
Aber was kann ich darüber fragen, Frau zu sein?
Frau, weiblich, feminin
Mann, männlich, maskulin
Die Kategorien scheinen klar zu sein
Ich passe dennoch nie hinein
Ich spüre tief in meinen Geist, weil ich dort die klare Vorstellung dessen erwarte, was es bedeutet, *eine Frau* zu sein.
Und werde trotzdem nicht fündig.
Das Weiblich-gelesen-Werden spüre ich nur dann, wenn ein fremder Blick den meinen streift
Über Gesicht und Körper schweift –
Ich habe in meinem Leben vieles anprobiert
Röcke, Hosen, Kleider, Shorts
Netzstrumpfhosen andernorts
Ich habe Identitäten probiert und gewechselt
Mein Ich gedreht und gedrechselt

*Bis es endlich passen sollte*
Doch ich versuchte vergeblich, meinen *dreidimensionalen* Körper in diese *zweidimensionale* Papierschablone zu pressen
Denn es wollte nicht recht passen
Mich nicht damit verschmelzen lassen
Doch wenn ich selbst nicht der Ursprung jener sagenumwobenen Weiblichkeit bin, die scheinbar überall bedroht ist, *wenn man manchen Menschen Glauben schenken möchte* – dann weiß ich es auch nicht.

Doch wenn ich sagen sollte, was anders lief in meinem Leben
Kann ich nur eine klare Antwort geben
Es ist nicht mein Blick auf die Welt, der mich trennt
Sondern der Blick der Welt, der *auf mir* entbrennt
Die Erwartungen sind hier und dort
Und tragen mich immer weiter fort
Von dem, was ich fühle
Und nach und nach vergesse ich
Was ich wirklich denke, wer ich wirklich bin
Verkenne mich
Und meinen Sinn

An Tagen mag ich's, an manchen nicht
Dann kommt der *Weiblichkeitsverzicht*
Manchmal gut, manchmal schlecht
Doch nie obliegt es meinem Recht

Was das ist, das in mir gesehen wird
Und scheinbar so *offensichtlich* in mir schwirrt

Die meisten meinen es nur nett
Lächelnd, lieblich und kokett
Sagten sie meinen Eltern am Schulanfang
Dass mein Hosenanzug negativ ins Auge sprang
Und *nun wirklich gar nicht* zu mir passte
Obwohl ich ihn mir selbst ausgesucht hatte
Und zur Jugendweihe dann
Wer mich denn zu diesen Turnschuhen zwang

Niemand nimmt das Wort Frau in den Mund
Und verwendet es als Tatsachenbefund
Es ist immer ein Wille, eine Forderung
Die mich wegtreibt, mit pulsierendem Schwung –
*Ich kann offenbar gut mit Kindern umgehen*
*Das durfte ich schon mit fünf Jahren verstehen*
*Ich bin offenbar auch sehr nett und sehr freundlich*
*Einfach gut mit Menschen, augenscheinlich*
Das wurde Tag für Tag
Lächelnd zu mir gesagt
Obwohl ich das Kind war, das sich in einem monströsen
Wutanfall schreiend vor dem Supermarkt drehte
Während die Röte über die Wangen meiner Eltern wehte
Eigentlich war ich ein ziemliches Arschlochkind
Das ist zumindest das, was ich heute find –
Aber neben diesen nett gemeinten femininen Zwängen

Gibt es auch jene, die mich noch heute in die Enge drängen

Am schönsten ist
Wenn man das Frausein einfach vergisst
Doch wissen Sie, wann es mit voller Wucht zurückfliegt?
Nicht in der Liebe, nicht wenn ich meine Periode krieg
Sondern wenn ich mir in der Stadt etwas kaufe
Oder ganz normal durch die Straßen laufe
»Frausein« ist ein Schutzbewusstsein, denn wenn ich es nicht hätte, würde ich mich vielleicht anders verhalten
Und dann würde möglicherweise die Unvorsichtigkeit walten
Denn das, was wirklich in Erinnerung bleibt
Ist nicht der vergiftete Liebreiz der Alltagssexismen
*Der mich dennoch in den Wahnsinn treibt –*
Sondern, wenn man mich mit männlichem Blick als Frau betrachtet
*Was wahrscheinlich jede weiblich Gelesene irgendwann erwartet –*
Frausein verbinde ich meistens mit Angst
Ich hatte Angst vor dem Säufer mit der Bierflasche, der mir hinterhersprintete, nachdem ich mich verbal gegen seine Anmache gewehrt hatte.
Ich hatte Angst vor der Jungsgruppe in meinem Alter, die mir zuerst lüstern-invasive Blicke zuwarf und schließlich begann, mir hinterherzupfeifen.
Ich hatte Angst vor einem Lehrer an meiner Schule, der besonders seine weiblichen Lieblingsschülerinnen stets mit

einem flirtenden Lächeln und einem sexualisierten Spruch
*beglückte.*
Mittlerweile habe ich Angst vor locker geklopften Sprüchen
Vor Wein- und Biergerüchen
Davor, dass Jungen mich auf der Straße zu lange ansehen
Oder sich noch ein weiteres Mal nach mir umdrehen

Aber wenn ich zu Hause auf meinem Sofa liege
Und die feministischen Bücher in meinen Händen wiege
Höre ich die Stimmen von Olympe de Gouges, Mary Wollstonecraft und Simone de Beauvoir ...
All diese Feministinnen
Durch die viele wieder Mut gewinnen
Mutige Reden in der Sicherheit eines Bildschirms
Mutige Stimmen in jeder Windung des Gehirns

Doch so schnell, wie sie gekommen sind
Verweht sie wieder der Abendwind
Werden sie flüsternd verstummen
Wenn über mir Laternenschirme summen
Wenn das Gartentor hinter mir zuschlägt
Und sich ein unwohles Gefühl in mir regt
Wenn der nasse Asphalt unter meinen Füßen knirscht
Und Dunkelheit sich in alle Ecken pirscht –

Auch wenn ich mich auf einer Demo für Frauenrechte befinde, begreife ich mich als Frau, aber nur in positiver Hinsicht dem Begriff der Männer, die einem auf der Straße

hinterherrufen, entgegengesetzt. Ich übermale einfach die dunklen Erinnerungen an verschlungene Gassen und feixende Rufe, die in meinem von der Panik geblähten Schädel vibrieren, mit dem bunten Graffiti eines positiven Frauenbildes, dessen glitzerndes Empowerment so sehr trieft, dass es zu schwer für meine Schultern wird. Denn im Grunde genommen ist beides das Gleiche. Es ist nie nur ein *Dasein*, sondern immer ein *Mitsein* oder ein *Entgegensein*.
Jungenhaft oder weiblich-rein
*Weiblichkeit*
Ich definiere mich um sie herum, an ihr herab, ihr entgegengesetzt
Und bin dennoch immer von ihrem Begriff gehetzt
Sie ist Dreh- und Angelpunkt all meiner Überlegungen und Definitionen
Verdreht Ideen und Emotionen –

Ein Ruf entfacht in lauter Glut
Brennt voll spitzer, heißer Wut
Dass alles ist, wie es ist
Und alles bleibt, wie es bleibt
Und keinerlei Veränderungen zeigt
Nicht »Warum bin ich, wie ich geworden bin?«
Sondern was ist überhaupt der Sinn
Des Ichs, auf dessen Wahrnehmung mir der Einfluss fehlt
Eine Frage, die schon lange in mir schwelt
Frausein ist nichts, was ich jemals sein wollte
Oder irgendwer perfekt verkörpern sollte

Wäre es meine Entscheidung, ganz allein
Würde ich einfach nur ein Mensch sein

Cara Platte, 2006 in Leipzig geboren, besucht derzeit die zwölfte Klasse des Gerda-Taro-Gymnasiums in Leipzig. Seit ihrer Kindheit ist sie fasziniert von der Kraft der Sprache – und verwebt sie auch mit eigenen Texten und Geschichten.

Mara Aigua

## An die Andere in deinem Gesicht

Du und ich, wir sitzen in einem Restaurant in einer fernen Stadt. Und ich denke: Heute, Mama, vielleicht heute.

Ein Kellner kommt an unseren Tisch und bringt uns die Karten.

»Prego.« Er zwinkert uns zu.

Wir vertiefen uns in Primi, Secondi und wie auch immer Getränke auf Italienisch heißen. Es ist unser erstes Wochenende zusammen seit ... gefühlt hundert Jahren. Haben wir nicht mehr gemacht, seit meine Kinder da sind. Aber here we go. Endlich mal Zeit zu zweit. Ein Gespräch in Ruhe zu Ende führen, vielleicht sogar ein zweites anfangen. Fühlt sich unverschämt gut an. Vielleicht wäre heute also ein guter Moment, dich zu fragen. Um es einzuordnen, sage ich mir, in unser beider Geschichte. Als das, was es ist, spreche ich mir weiter Mut zu. Denn es ist ein bisschen groß geworden. Durch sein Nicht-Ansprechen.

Ich nicke mir selbst zur Bestätigung zu, was von außen vermutlich so aussieht, als ob ich mich endlich für ein Gericht entschieden hätte. Doch schon beim Gedanken an die Möglichkeit, es jetzt, hier, zwischen weißer Tischdecke und ordentlich gefalteter Serviette, anzusprechen, beginne ich so zu zittern, dass der Tisch zwischen uns mitschwingt.

Ich hole tief Luft, denke: Mama, warum wirst du immer glatter, und ich werde faltiger?

Ich sage: »Das Carpaccio klingt toll. Wir teilen, oder?«
Du nickst.
»Und als Hauptspeise Risotto und dieses Fleisch?«
»Ist das Kalb?«
»Glaub schon.«

Der Kellner kehrt zurück. Notizblock und Kugelschreiber in der Hand. Ich bestelle. Auch für dich.

Sein »Oooooh« ist lang gezogen, überrascht. »She is your mother«, vergewissert er sich und mustert dich interessiert.

Du lächelst über das Kompliment. Freust dich.

Einmal, da war ich klein, hast du zu mir gesagt, dass jeder Mensch tief in seinem Innern an seine eigene Unsterblichkeit glaube. Einfach, weil der Tod so groß und so unvorstellbar sei. Wir wüssten zwar, rein theoretisch, dass Menschen sterben. Aus Büchern, Filmen, Liedern. Wir hätten Bekannte, die gestorben wären, läsen Zeitungsberichte über Leute, die verstorben seien, aber unseren eigenen Tod könnten wir nicht begreifen. Denn dann gäbe es ja kein denkendes Ich mehr, das diesen Gedanken denken könnte. Was für ein Diskurs mit einer Vier- oder Fünfjährigen! Daran musste ich letztens denken, als ich deine Mama-Stirn sah, auf der kaum eine Falte mehr ist.

Schwungvoll stellt der Kellner die Weingläser vor uns ab.

»She looks like your sister«, nimmt er den Gesprächsfaden wieder auf.

In Bars, in Museen, in Restaurants, an der Käsetheke, beim Spazieren, auf Reisen, in der U-Bahn und auf dem Markt ist uns das passiert. Sogar Freundinnen von mir haben uns angesprochen. Fand ich immer toll. Ich war stolz auf dich, deine Art, dein Junggebliebensein und deinen Mama-Körper, an dem mir alles vertraut war, seine Weichheit, sein Geruch, seine Form.

Entschuldigung, BIN stolz auf dich.

Du bist ja nicht tot. Sitzt doch da. Nimmst den ersten Schluck vom Wein.

»Prego, Carpaccio for the two beautiful sisters.« Der Kellner rollt das R in dem Wort Schwester wie eine Lawine über mir aus, während er uns einen hübsch dekorierten Teller serviert.

Ich denke: Mama, werden mich Kellner irgendwann fragen, ob ich deine Mutter bin? Und du meine Tochter?

Ich sage: »Mhm, wirklich gut.«

Dabei fühlt sich das Fleisch kalt und roh in meinem Mund an. Ich würge etwas.

Es fing mit dem Fotoalbum für die Kinder an. Ich hangelte mich von Bild zu Bild – Geburtstag, Weihnachten, Ostern, Geburtstag, Weihnachten, Ostern – ich stoppte, klickte ein paar Jahre vor, ein paar Jahre zurück, wieder vor und noch mal zurück.

Da, am Kopf? Die Stirn. Wie auf einer Trommel gespannt.

Dann, ein paar Jahre später, der Mund. Der Mund, der

vor meinen Augen Abertausende Male geredet, gesungen, geschimpft, getrunken, gegessen, gemahnt, gelacht und auch geweint hatte, war anders geworden. Runder, spitzer, voller, geschwungener? Ich konnte es nicht mal benennen. Aber die Andersheit war da.

Fast forward ein bis zwei Jahre:

An den Augen. Die Faltensonnen. Weg, mit einem Mal.

Ich war irritiert.

Ich dachte an teure Cremes, Gesichtspeelings, Gelmasken, Zauberkuren. Optimiert, fester, glatter, schöner, kompetenter, höher, weiter, schon am nächsten Tag!

Aber die Zweifel blieben.

Ich fragte eine Freundin. Achselzucken.

Ich fragte meinen Bruder. »Machen doch ganz viele!«

Ich fragte meine ältere Schwester. Sie lachte. Und dann ließ sie noch einen Satz fallen, ganz nebenbei, so wie sie das früher manchmal mit dreckigen Socken gemacht hatte, einen Satz, der hässlich und stinkig neben der Tür liegen blieb: »Weiß doch eh jeder, aber so was spricht man nicht an!«

Bei mir blieb der Gedanke aber hängen. Wie ein kleiner Splitter, von ebenjener Tür, bei der die Socken noch lagen. Er entzündete sich sogar ein wenig, da, wo er sich unter der Haut verfangen hatte.

Da war also eine Sache, die du machtest, wie viele andere auch, schon klar, von der jeder wusste, aber über die wir beide nicht redeten, weil man das ganz offensichtlich nicht tat. Die Entzündung begann ein bisschen zu eitern.

Das Gewebe drumherum wurde rot. Dass ausgerechnet WIR jetzt keinen Weg fanden, darüber zu sprechen, machte mich unendlich traurig.

Wir reden stattdessen lieber über den Wein. Der ist köstlich. Seine Farbe, sein Geschmack, fruchtig, voll, rund. Guter Abgang. Wir reden über meine Kinder, deine Enkelkinder, unsere Männer, unsere Jobs, wie es so weitergeht, was uns fehlt, was wir uns wünschen und alles andere, was in WhatsApp-Nachrichten nicht reinpasst. Wir reden über alles, nur über das eine reden wir nicht.

Als der Kellner kurz darauf fragt, ob es den Schwestern denn schmecke, sage ich: »Thank you very much!« Ich spiele das Spiel mit, lache sogar ein wenig, aber diese kleine Splitterstelle reißt erneut auf. Nur ein klitzekleines Stück. Wundflüssigkeit tritt aus.

Der Kellner glaubt zu verstehen, wird rot. »Of course, you are the baby sister. The baby-baby sister.« Schnell wischt er das Kompliment über den Tisch in meine Richtung.

Schon gut, ich winke ab.

Lange schaue ich dich durch die Kerze hindurch an, die mittig auf dem Tisch steht. Du schaust zurück. Lächelst mich aus deinem vertrauten Gesicht an. Das Gesicht, das ich so liebe und in das eine andere, eine mir fremde Frau mit eingezogen ist.

Ich denke: Sagen SIE es mir doch wenigstens.

Ich sage: »Mama, willst du noch ein Glas Wein?«

Der Kellner eilt zwischen Theke und unserem Tisch hin und her, füllt Gläser auf, bringt mehr Brot und flirtet, was das Zeug hält. Bei der Hauptspeise ist das Schwesternding bereits zum Running Gag geworden. Genauso unoriginell wie Aussagen zum Wetter. Und er meint es vermutlich nur gut!

Ich muss daran denken, dass auch meine Kinder von der alten und der schönen Oma sprechen, als ob Alter und Schönheit zwei Sachen sind, die sich ausschließen.

Ich fahre unter dem Tisch mit meiner Hand über den entzündeten Hubbel. Immer und immer wieder. An der Stelle mit dem kleinen Riss bleibe ich jedes Mal hängen. Es ist unangenehm, und trotzdem kann ich es nicht lassen.

Wenn ich dich jetzt, hier, zwischen Rotwein und gefüllten Nudeln, darauf ansprechen würde, also richtig, feinfühlig, empathisch, auf gar keinen Fall verurteilend, vorbehaltlos, sachlich, ruhig, interessiert, zugewandt und, was noch viel wichtiger ist, mit Zeit, du würdest garantiert anfangen zu weinen. Und ich würde zur Mitweinerin. Weil Kind Mama nicht weinen sehen will. Urreflex-Ding vielleicht. War schon immer so. Wenn du weinst, werden auch meine Augen sofort feucht. Wir würden also beide heulen. Und wem würde das nutzen?

Oder aber SIE würde an deiner Stelle antworten. Diese Fremde. Würde es womöglich einfach weglächeln. Gute Gene. Gute Cremes. Viel Wasser von innen, von außen, von zwischendrin. Und damit hätte SIE dann die Entscheidung für unsere Geschichte getroffen. Fertig! Take it or leave it.

Ich kaue auf der Pasta rum, ringe mit ihr. Und mit mir,

dir und der Fremden in deinem Gesicht. Mit dem, was SIE gemacht hat, und mit dem, wie es zwischen uns steht.

Mit dem Tiramisu schmilzt der Kellner unseren Altersunterschied noch einmal ab oder auf – so genau weiß ich das jetzt selbst nicht – und macht uns zu zwei »beautiful friends«.

Beautiful, beautiful, echot es in meinem Kopf.

Und meine Wunde fragt: Was ist das fucking Problem mit dem Älterwerden bei Frauen? Und warum wäre einem Sohn mit seinem Vater das alles nie passiert? Angefangen beim ständigen Diskurs über Schönheit bis hin zu den dämlichen Komplimenten?

Mit aller Kraft stoße ich meinen Löffel in die Kaffee-Mascarpone-Creme, ein-, zwei-, dreimal, bis ich sicher bin, dass sämtliche Löffelbiskuit-Lügereien zerquetscht sind, und dann lächele ich, knipse das Lächeln wie eine Lampe in meinem Gesicht an. Denn das ist es doch, was erwartet wird, wenn man als Frau als B-E-A-U-T-I-F-U-L bezeichnet wird, oder nicht?

**Mara Aigua** ist ein Pseudonym. ChatGPT macht folgenden Vorschlag für ihre Vita: Mara Aigua wurde in einer kleinen Stadt in Katalonien geboren. Nach dem Umzug ihrer Eltern nach Deutschland wuchs sie in den malerischen Weinbergen des Rheintals auf, was ihre Verbindung zu Natur und Weinbau prägte. Als leidenschaftliche Winzerin setzt sie sich heute für ökologischen Weinbau und den Erhalt der rheinischen Wein- und Kulturwelt ein.

Marianne Strauhs

## Eines geht noch ...

Ich möchte da beginnen, wo für mich alles anfing. Auf dem österreichischen Land. Falsch. In der österreichischen Kleinstadt. Also in der Kleinstadt, die laut Optimist:innen ja das Beste vereint: Man hat Stadt und Land in einem. Na gut. Lass ich mal so stehen. Und dass es eine österreichische Kleinstadt ist, ist für meine Rede auch egal, denn es könnte auch eine deutsche gewesen sein. Also wer sich eine deutsche Kleinstadt statt einer österreichischen vorstellen möchte: Feel free to do so!

Wichtig ist nur, dass man sich einen Ort vorstellt, auf den alle ganz stolz sind. Stolz wegen der reichen Kultur. Die Weinberge rund um die kleine Stadt und die Obstbäume mittendrin. Die schönen Getreidefelder nach der Ortsausfahrt und der blaue Himmel obendrauf.

Also, da war ich. Mit fünfzehn, sechzehn in dieser namenlosen Kleinstadt. Vormittags Schule und nachmittags putzige Kleinstadttristesse. Dinge, mit denen ich damals, so 1998, die Zeit füllen konnte: Sportverein oder Fernsehen ... oder mit den interessanteren Jugendlichen der Schule um die

Häuser ziehen. Die Wahl fiel mir nicht schwer. Die älteren Jugendlichen waren meist besoffen. Und so war mein Wechsel vom Sportverein zum Saufgelage ein fließender – im wahrsten Sinne des Wortes! Ich war ab 1998 dann praktisch jedes Wochenende betrunken. Die Hintergrundmusik dafür war anfangs Brit-Pop, und die Sänger waren ja auch immer dicht. Es ging mit meinen Freundinnen aus den wohlgemerkt wohlsituierten, bürgerlichen Haushalten nur noch darum, wann wir trinken, was wir trinken, wo wir trinken und wer dabei sein wird. Zuerst die Logistik des Einkaufs. Das war nicht so schwer, denn so was wie Altersbeschränkungen im Supermarkt gab es ja damals noch gar nicht. Dann fand das Ereignis statt (meist bei irgendeiner Dorfdisco oder bei wem zu Hause oder auf irgendeinem zugigen Kinderspielplatz, dem wir längst entwachsen waren) und schließlich die Nachbesprechung ein paar Tage später, bei der meine Freundinnen und ich in tiefsitzenden Hüftjeans und Nineties-Trägertops bei Unmengen von Marlboro Lights versuchten, die Bruchstücke, an die wir uns noch erinnern konnten, zu einem ganzen Bild zusammenzufügen. Es ging letztendlich vor allem darum, wer mit wem abstürzte, damit war dann Rumknutschen bis Sex gemeint, und wer sein Innerstes nach außen kehrte – physisch oder emotional –, sag ich mal.

»So weit, so normal«, denken jetzt die einen unter Ihnen! »Kleinstadtleben eben«, denken die anderen im Saal.

Damals dachte ich ja noch, dass das sicher niemand checkt. Meine Familie nicht. Meine Lehrer nicht. Niemand. Heute bin ich gescheiter und weiß, dass das natürlich jeder gecheckt hat, aber niemand was sagen wollte. Wozu auch? Das war ja alles ganz normales Kleinstadtverhalten und genau genommen nichts anderes in meiner Biographie vorgesehen. Mit zehn das erste Mal nippen vom Sekt zu Silvester, mit elf der erste Schluck Bier beim Grillfest der Schule und bald darauf das erste Gläschen Wein. Die Jugend war also Schule, Sportverein, auf Partys saufen. Irgendwann kamen dann die Matura und ein Studium, aber kein Sportverein mehr, dafür noch mehr auf Partys saufen und dann irgendwann irgendein Job und weniger Partys, aber abends mit dem Partner oder alleine saufen. Oder, wie es dann nach Jobeintritt heißt, »ein gepflegtes abendliches Gläschen« genießen, und das ist dann ja sicherlich von einem guten Winzer. Dass es von einem guten Winzer war, das war ja auch nicht schwer, denn in Österreich ist man ja entweder mit einem Winzer verwandt oder irgendwie anders verbandelt. Das ist praktisch, denn so versiegt die Quelle nie.

Dass aber Ethanol am Ende immer Ethanol ist, wird da gerne vergessen. Dass der Alkoholkonsum unter Frauen – besonders den hochgebildeten – seit Jahren zunimmt, wird da augenzwinkernd zur Kenntnis genommen. »Die haben jetzt halt in der Arbeitswelt auch so viel Stress wie die Männer«, tönt es sarkastisch à la: »Das haben sie halt jetzt vom Feminismus, die Frauen.«

Die eine oder andere auch hier heute Abend im Saal wird schon mal in den stillen Stunden gegoogelt haben: »Trinke ich zu viel?«, »Wie viele Gläser sind noch normal??«, oder die ganz mutigen Frauen: »Bin ich ... Alkoholiker?«

Und spätestens da fällt einem als Frau auf, dass das Wort Alkoholiker sich ganz schwer gendern lässt. Alkoholiker...in. So was gibt's ja gar nicht, und wenn, dann doch sicherlich nur bei den ganz Verzweifelten und nicht hier bei mir und der schönen Bücherwand und der kuscheligen Strickdecke. Und da greife ich schon nach dem Weinglas am Tisch, das zu Boden fällt, das ich auffangen will und Scherben, Blut, Notaufnahme.

»Bin ich ... Alkoholiker...in?«

Alle Erfolge wurden ab dem Alter von fünfzehn, sechzehn mit Alkohol gefeiert, die Niederlagen mit Alkohol begossen und die Langeweile zwischendrin mit dem sozialen Schmiermittel totgeschlagen. Eigentlich passte Alkohol immer. Ob er mir aber wirklich gut stand, da bin ich mir nicht so sicher. Schon mit zwanzig sehe ich oft aufgedunsen aus. Auf allen Partyfotos eher der glasige Blick und häufig nur dank der Fotos eine Erinnerung an die Abende.

An meine Matura, also mein Abitur, erinnere ich mich nur schemenhaft. Aber vielleicht gehört das ja zu dem Initiationsritus dazu, dass man den besoffen absolviert.

Aber zurück zu meiner Kleinstadtjugend.

Mit der reichen Kultur drumherum. Der Wein der Weinberge, der Obstler von den Obstgärten und das Bier von den Feldern. Der blaue Himmel und die blauen Bürger, ganz blau vom Alk unterm Himmelszelt. Ganz normal. Seit immer schon so. So gehört es sich.

War es das wirklich? So normal? Wie ich da als Sechzehnjährige halb nackt und stockbesoffen am Tanzboden des Schulballs oder auf dem erdigen Boden eines Heustadls herumlag und mich als Requisite für eine sexuelle Handlung anbot? Oder zumindest meine Handtasche als Selbstbedienungsladen?

War das wirklich so cool auf diesen Partys, an die ich mich kaum erinnern kann? Waren das echt so schöne Job-Erfolge und Karriere-Etappenziele, wenn ich da ja nur mehr als Umriss meiner selbst vorhanden war?

Irgendwann dann die nächste Scherbe, der nächste Schnitt ... und dann der wirkliche Bruch, der wirkliche Cut. Als ich dann aufgehört habe. Ganz aufgehört habe zu trinken. »Bist du schwanger?«, haben sie gefragt. »Hast du eine Krankheit?«, wollten sie wissen, und »Wie viel hast du denn getrunken?« haben sie dann irgendwann geraunt. Als sie verstanden haben, dass ich dieses eine Glas nicht trinken werde und das nächste auch nicht. Und sie nahmen mich zur Seite und fragten noch mal: »Wie viele Gläser waren es am Tag?«, und es war eigentlich vollkommen egal, was ich antwortete. Sie sahen meist in die Ferne: »So viele sind es bei mir nicht. So viele, nein, wirklich nicht. Also nicht täglich. Ab und zu. Wenn es was zu feiern gibt. Oder wenn es mal schlecht läuft. Also fast nie. Eher selten. Maximal manchmal.« Rechtfertigen sie sich, obwohl ich sie nie gefragt habe.

Und ich denke nur an meine Jugend, da in den Neunzigern in der Kleinstadt, wo alle eigentlich immer tranken. Meine Eltern, meine Lehrer, meine Freunde, meine Nachbarn. Alle. Und ich frag mich im Nachhinein: Warum? Warum wurde da so viel getrunken? Ich hatte das Gefühl, auch die Erwachsenen waren ständig hinüber.

Das österreichische Nicht-mehr-Dorf-und-noch-nicht-Stadt, ein Umfeld, in dem eine Trinkerinnenbiographie unumgänglich war. Der Moment, wo ich das erste Mal reflektierte, da waren ja schon Jahre herum und, schnapp, die Falle zu und ich – »Marianne in a bottle« – gefangen.

Heute nur ein Glas.
Heute erst ab 19 Uhr.
Heute geh ich um zwölf heim.
Heute immer ein Glas Wasser dazwischen.
Der Versuch, sich selbst zu überlisten, und dann doch immer gegen sich selbst zu verlieren.

Ich will in einer Welt ohne betrunkene Gewalttäter-Väter und ohne depressive Wine-Mommys leben. In einer Welt ohne Wodka-saufende Hooligans und ohne feuchtfröhliche

Firmenweihnachtsfeier. Ohne halbnackte, betrunkene Teenagerinnen auf fragwürdigen »Musik«-Konzerten und ohne rechtsradikale, volltrunkene Bierzelt-Hasstiraden. Ohne schwere Verkehrsunfälle weit über der Promillegrenze und ohne sexualisierte Gewalt von Typen, die hackedicht sind.

Ich bin hier, um zu promoten: Kein Alkohol ist cool! Und ich will es nicht mehr hören. Will es nicht mehr hören, dieses »Ach, komm, heute, mach eine Ausnahme, nur ein Gläschen!«.

Will mich nicht mehr rechtfertigen müssen und keine Fragen mehr zum Zustand meines Uterus oder meiner allgemeinen Gesundheit beantworten müssen.

Ich will in einer Welt leben, in der es sich zu leben lohnt und wo sich niemand »abschießen«, »ausknipsen«, »betäuben«, »belohnen« oder »auflockern« muss mit Alkohol. In einer nüchternen Welt, die gut ist.

Marianne Strauhs, geboren 1982 in Niederösterreich, studierte Theaterdramaturgie. Als Theaterautorin hatte sie Uraufführungen u. a. in Wien, Linz und Zürich. Sie arbeitete zuletzt in der Erwachsenenbildung und als Deutschlektorin in Wien und Kairo.

Clara Schiffling

## Hier bin ich dort

Die Luft ist noch kühl. Bei dem Café des Kinos werden die Stühle rausgestellt und die Tische abgewischt. Vor der Eingangstür von Netto breitet ein Obdachloser seine Decke aus und stellt einen Pappbecher auf den Boden. Ich laufe an einem Laden mit syrischen Süßigkeiten vorbei und bleibe gegenüber dem Halalbazar an der Haltestelle stehen. Die Bahn kommt in zwei Minuten.

Alle warten in Stille. Die Bahn kommt, ich setze mich ans Fenster und sehe Biosupermärkte, Kioske, Barber, Bistros und Handyshops an mir vorbeiziehen. Die Barber werden irgendwann von Fair-Trade-Läden abgelöst. Die Bahn rattert am Gerichtsgebäude vorbei über den Marktplatz. Unter der prachtvollen Fassade des Rathauses schlafen Menschen.

Läden werden geöffnet, das Licht angemacht, die Fußmatte im Eingang gesaugt.

Die Straßen werden breiter, die Häuser wieder kleiner, die Farben blasser.

Es gibt wieder Barbiere neben Dönerläden und Bäckereien. Spitzengardinen in den Fenstern und Satellitenschüsseln zur Straße hin. Ein Einkaufszentrum, die Straße wird noch breiter.

Die erste Person, die ich kenne, steigt ein.

Ein erster Wohnblock erhebt sich hinter den Reihenhäusern.

Eine Autowaschanlage und ein vergessenes Denkmal.

Ich drücke auf Stopp, stehe auf und lächle denen zu, die ich erkannt habe.

Dann spuckt die Bahn uns alle aus. Ich warte kurz auf einen, mit dem ich gleich Unterricht habe.

Er zündet sich seine Kippe im Gehen an, zieht und fragt mich, wie mein Wochenende war. Schön, sage ich, entspannt. Nicht viel gemacht.

Er ist müde. Hat wenig geschlafen, aber Red Bull im Rucksack. Ich frage ihn, wie es ihm geht. Er lächelt, aber seine Antwort klingt nicht danach. Er war lange nicht mehr da und der Stuhl neben mir immer leer. Vor sechs Wochen musste er erst die zweite Stunde im Jahr entschuldigen, er war stolz, immer anwesend zu sein, und hatte noch keine Marlboro in der Jackentasche.

Ich sage ihm, dass ich mich freue, ihn zu sehen, den Rest sage ich ihm nicht.

Wir sitzen wieder nebeneinander, er bekommt die Hausaufgaben und eine Zusammenfassung der letzten Stunde. Er nickt, als ich fertig bin, und steht auf, als die Lehrerin reinkommt, um ihr die Entschuldigungen vorzulegen. Ob er nächste Stunde kommt, weiß er noch nicht.

Am nächsten Morgen, als ich die Haltestelle hinter mir und die Schule in Sicht habe, klingelt mein Handy. Meine Freundin ist dran. Wir haben uns erst Anfang des Schuljahres kennengelernt. Sie will wissen, ob ich ein Taschentuch habe. Sie weint dabei. Ich sage, ich bin gleich da, und zu den anderen, dass ich nachkomme. Eigentlich würde ich gerne noch viel mehr machen.

Als ich sie umarme, muss ich daran denken, dass ich vor Monaten weiter hinten auf der Straße schon mal genauso dastand. Ich bin an einem Mädchen aus meinem alten Jahrgang vorbeigefahren. Wir mochten uns, und als ich ihr gewunken habe, sah ich, dass sie auf dem Weg zur Schule weint. Ich bin vom Rad gestiegen und habe die Arme ausgebreitet. Sie hat kurz gelächelt, als ich sie gedrückt habe, und dann etwas weitergeweint. Ich wusste nicht, weshalb. Das musste ich auch nicht. Und auch der Lehrer nicht, zu dem ich zu spät in den Unterricht kam.

Meine Freundin heute benutzt das Taschentuch und fragt, ob sie verheult aussieht. Nein, schön wie immer. Wir gehen zusammen rein und verabschieden uns vor ihrer Klasse. Im Februar musste sie sich mit der Behörde anlegen, weil die keinen Anteil an der Skifahrt bezahlen wollte. Niemand hat sich zuständig gefühlt, und sie war zwischen Lehrkräften, Sekretariat und Telefonaten mit dem Amt im Kreis gelaufen. Und hat deshalb direkt nach der Fahrt angefangen, für die im nächsten Jahr zu sparen.

Letzte Stunde am Tag. Im Flur begegnet mir der Lehrer. Er winkt mich kurz zur Seite und fragt, ob ich was von einem meiner Mitschüler gehört habe. Er würde sich Sorgen machen. Ich sage ihm, dass ich ihn letzte Woche gesehen habe und mal schaue, ob ich ihm helfen kann. Zwei Tage später sitzen wir zusammen auf der Treppe, und er erzählt mir, dass er das Jahr vielleicht wiederholt. Er ist schlau, der Grund für seine Noten ist ein anderer.

Mein bester Freund ist ein paar Tage später ganz still. Er hat eine Nachtschicht in der Klinik hinter sich und noch eine am Wochenende. 08:15 Uhr an einem Mittwoch ist zu früh. Er hat die geforderte Zusammenfassung nicht geschrieben, aber Angst, dass er seinem Patienten das falsche Medikament gegeben hat und dass noch eine Schicht ohne Ausbildung, aber in Unterbesetzung dazukommt.

Er hat mittlerweile über hundert Überstunden und sagt, dass es auf seiner Station noch vergleichsweise gut aussieht. Die Arbeit geht ihm oft näher, als er will, aber er liebt sie. Und er braucht sie, da er alleine die Miete für seine Familie zahlt.

Er ist der großzügigste Mensch, den ich kenne, und ich bin hilflos, als er mich in Panik anruft, weil der Vermieter sie aus der Wohnung schmeißen will.

Ich konnte nichts machen, außer zu versuchen, ihm irgendeinen Halt zu geben, und zu hoffen, dass seine Überstunden nicht umsonst waren.

Unsere Freundin wohnt schon alleine, nachdem sie vor eineinhalb Jahren durch das Fenster ihres Zimmers ausgezogen ist. Es war dunkel, und sie musste weg, weil sie unter den Belastungen ihrer Eltern nach siebzehn Jahren selbst zusammengebrochen ist.

Ihre Schwester musste sie dalassen, hat aber trotzdem ein schlechtes Gewissen, da sich das Amt das Geld für ihr Zimmer bei ihren Eltern wiederholt. Sie schafft es nicht mehr zur Schule.

Sie hat ihren Stolz, wenig Geld und viele Sorgen. Oft kann ich ihr keine Hilfe sein.

All das passiert *dort*. *Dort*, wo ich jeden Tag zwischen vier und acht Stunden verbringe. All das belastet mich, aber es betrifft mich nicht. Das ist ein Luxus, und es ist mir nicht egal. Das zu sehen, tut weh, das zu hören, ist unangenehm, aber wie es ist, das selber zu erleben, weiß ich nicht.

Denn am Ende des Tages fahre ich knapp sieben Kilometer zurück ins *Hier* – eine Altbauwohnung mit eigenem Zimmer, in einen Stadtteil, wo einem abends bei einem Glas Wein »Weltschmerz« zu schaffen macht und die Tatsache, dass die Autos aufgesetzt parken.

Mit meinen Freunden *hier* rede ich übers Gendern, über Wahlen und über Zukunft. Und wo man am Samstag feiern geht. Das Schlimmste, was *hier* in der Schule passiert, ist, dass sich über den Abiball gestritten wird und Wörterbücher fehlen.

*Hier* und *dort* haben unterschiedliche Probleme. *Hier* hat nicht das Problem, nicht mal davon gehört, dass es *dort* in den letzten zwei Jahren drei Selbstmordversuche gab. Wir haben eine Mitschülerin verloren. Ich hoffe, dass es ihr da, wo sie jetzt ist, besser geht.

*Dort* ist knapp ein Drittel durchs Abi gefallen, und wir haben keine zuständige Sozialarbeiterin.

*Dort* regnet es durchs Dach, die Anwesenheit in der Schule geht in den Keller, und die Sorgen werden größer.

*Dort* gibt es eine Mutter, die auf ihr Abendessen verzichten muss, wenn eine Freundin der Tochter zum Essen bleibt.

Ein paar Kilometer und ein paar Stadtteile dazwischen reichen, damit diese Probleme *hier* nicht mehr existieren und weit genug weg sind.

Deswegen fällt es mir schwer zuzuhören, wenn sich Stunden über die $CO_2$-Belastung von Kurzstreckenflügen gestritten wird. Ich kann es nicht aushalten, wenn sich meine Freunde *hier* im Einfamilienhaus ohne eigenen Nebenjob über Geld beklagen, und werde wütend, wenn sich Gymnasiasten aus Akademikerhaushalten über die ungleichen Anforderungen des Abiturs beschweren.

Diese Themen haben bei meinen Mitschülern *dort* kaum Platz. Da ist keine Kapazität. Keine Zeit, keine Energie und keiner, der einem Fragen beantwortet.

Vieles, was *hier* wichtig, drängend und bedrohend ist,

ist *dort* abstrakt, zu realitätsfern und schwer verständlich. Das macht das *Dort* nicht schlechter, nur schwerer. Nicht dumm, sondern ungerecht. *Dort* sind die selbstgedrehten Kippen nicht Trend, *dort* sind sie Bewältigung. Nicht die Hoffnung fehlt, sondern die Perspektive. Und das macht müde.

Ich bin müde. Ich bin müde davon, anderen beim Kämpfen zuzugucken. Ich bin müde zu erfahren, dass sich die, von denen ich aufrichtiges Gönnen in allen Bereichen gelernt habe, selbst nichts leisten können und ihre bescheidenen Ziele nie erreichen. Ich bin müde, anderen gut zuzureden. Weil es sich verlogen anfühlt. Weil sich nichts ändert. Ich kann es nicht aushalten, dass meine Mitschülerin *dort* mehr lernt, sich durch den Stoff beißt und sich immer wieder traut, die Hand zu heben, nur damit am Ende wieder ihre Noten auf der Kippe stehen. Sie wird noch nicht müde. Ich bin es. Und ich bin es leid.

Ich bin es leid zu akzeptieren, dass meine Noten nicht auf der Kippe stehen, weil ich von Geburt an Deutsch gelernt habe, das mit meinen Eltern spreche und sie sich um mich kümmern konnten.

Ich bin *hier* und *dort*. Ich liebe und ich hasse beides.
Ich habe Perspektive, aber verliere oft die Hoffnung. Ich hab es nicht schwer, ich bin schlecht darin, es schwerzuhaben. Ich gucke mich *dort* um und lerne, wie man stark ist. Aber ich lerne auch, was kaputt bedeutet. Wie es aussieht.

Selbst wenn es unter Designerklamotten versteckt ist. Meistens ist neben dem Gebrochenen noch viel Menschlichkeit, die es nur *dort* gibt.

Trotzdem wird der Ton öfter rau, und es geht zur Sache. Frustriert sind alle.

Ich bin müde, Menschen fallen und nicht wieder aufstehen zu sehen. Und das passiert jeden Tag.

Meine Freunde *hier* sind kaum *dort*. Meine Freunde *dort* sind selten *hier*.

Ich gehöre *dort* nicht dazu und fühle mich *hier* nicht mehr zugehörig.

Aber würde mir so sehr wünschen, dass wir alle, ob *hier*, ob *dort*, dahin kommen, wo wir möchten. *Dort* suchen die meisten schon ihren Weg. Dass sie ankommen – das würde ich mir so sehr wünschen. Dass es nicht nur von ihnen abhängt – das weiß ich.

Es hängt von uns allen ab, und das ist nicht fair.

Clara Schiffling, geboren 2004, macht 2024 ihr Abitur in Bremen. In ihrer Freizeit spielt sie Fußball, jobbt im Kiosk und übt sich im Ungehaltensein.

Birgit Ehrenberg

## Frauengeschichten?

Ich weiß nicht, ob alles so ist, wie es ist, weil ich eine Frau bin. Ob das, was ich erfahren habe und worüber ich zu Ihnen spreche, ein Frauenschicksal ist.

Bei »Frauenschicksal« assoziiert man das Schicksal einer gebeutelten Frau, man denkt weniger an eine heitere Heldin.

Frauenschicksal ist irgendwie immer Frauenpech.
Ich habe nach dem Glück gesucht.

Ich weiß nicht, ob ich die Geschichte einer Frau erzähle. Oder die eines Menschen. Oder beides.

Es ist eine Frage der Perspektive, eine Frage der Auffassung von Leben, vielleicht sind es mehrere Geschichten in einem Leben, die am Ende diese **eine** Geschichte dieses **einen** Lebens ergeben.

Ich hatte Pech.
Ich bin darüber ungehalten.
Ich bin ungehalten, weil ich mich nicht selbst halten kann.
Ich meine das hier materiell.

Man kann nicht beweisen, dass die Dinge, die einem geschehen, darin begründet sind, dass man eine Frau ist.
Ich würde diese Sache gern grundlegend verstehen.

Ich will verstehen – der Leitspruch der Philosophin Hannah Arendt.
Ich habe Philosophie auch ihretwegen studiert.
Ich wollte gern wie sie sein.

Ich stamme aus unglücklichen Verhältnissen und wollte da raus. Meine Mutter war schon nicht glücklich – reicht ja.

Ärztin werden, das war ihre Sehnsucht. Ihr sind Dinge geschehen, die das verhindert haben.
Krieg, Flucht, nicht gesehen und gehört werden.

Frauenschicksal.
Dreißig Mark am Tag hat meine Mutter mit Putzen verdient. Sie hat mir regelmäßig Geld gegeben, damit ich etwas aus mir machen kann. Sie selbst hat sich von Toastbrot und Margarine ernährt.

Meine Mutter hat mir immer eingebläut, dass ich auf keinen Fall Hausfrau werden darf.

Ich sehe sie vor mir, wie sie in einer Kittelschürze auf allen vieren auf dem Fußboden kniet und diesen schrubbt. Ein Stirnband im Haar, damit der Arbeitsschweiß nicht auf den Boden tropft.

Düster.
Ich dagegen wollte ins Licht.
Ich las von Irmgard Keun den Roman *Das kunstseidene Mädchen*. Es geht um eine Frau, die sagt: Ich will ein Glanz werden.

Ich wollte nicht »nicht Hausfrau« werden, weil ich reich sein wollte und/oder weil ich die Fähigkeiten und Fertigkeiten nicht schätze, ein Haus und die Menschen darin gut zu versorgen und zu behüten. Ich wollte nicht aus einer eitlen Attitüde heraus nicht Hausfrau sein, nicht weil ich mich darüber erhebe und mich für etwas Besseres halte.

So viele Nichts.
Aber sie ergeben hier Sinn.
Mein Grund: Ich wollte nicht arm sein. Hausfrau sein kann gefährlich werden.
Hausfrauen verdienen kein Geld.
Ich wollte nicht auf einen Mann angewiesen sein. Denn Männer können einen verlassen, oder man will die Män-

ner selbst verlassen, dazu muss man finanziell unabhängig sein.

Ich habe mich als Kind in die Reihe der Lesenden und Schreibenden gestellt, vor allem in die der schreibenden Frauen. Deshalb habe ich auch Germanistik studiert.

Dieser Satz der Urgestein-Feministin Virginia Woolf begleitete mich: »Eine Frau muss im Jahr fünfhundert Pfund verdienen und ein eigenes Zimmer haben.«

Doris, die Hauptfigur aus *Das kunstseidene Mädchen*, träumt von einem schicken, reichen Mann, der ihr den Glanz bringt.

Ich habe nie von einem Prinzen geträumt, der mich ins Schloss holt.
Ich träumte, dass ich eine Amazone bin.

Ich fiel in der Schule intellektuell auf und an der Uni, weil ich richtig gut war.
Die erste Katastrophe, die mich in meiner Freiheit als Frau gebremst und gefesselt hat, war, dass ich einen verheirateten Professor liebte.

Das klingt verdächtig nach Frauenschicksal.

Ich wollte nicht seine Geliebte sein, sondern seine Kollegin.
Ich wollte promovieren.
Er versprach mir hoch und heilig, dass er mich niemals als Geliebte gebrauchen wolle, die Scheidung sei geplant, unsere Zukunft in trockenen Tüchern.
Und einige Geschlechtsverkehre später hat er mich sitzenlassen.
Damit hatte ich keinen Doktorvater mehr.

Heute wäre das MeToo.
Damals habe ich das unter »dumm gelaufen« verbucht.
Die Wahrheit ist, dass es tragisch war.
Für mich.
Es klingt nicht nur verdächtig nach Frauenschicksal, es ist eines!

Ich habe mich unfreiwillig umorientiert, ich habe ein Volontariat gemacht und bin Journalistin geworden.
Ich bekam ein Kind und habe meinen Traum vom Glanz noch einmal modifiziert. Mit meiner Tochter war ich so glücklich wie noch nie zuvor.

Hausfrau werden wollte ich trotzdem nicht.
2006 schrieb ich ein Buch – *Die Mami-Falle – Das etwas andere Handbuch für glückliche Mütter* –, ein Plädoyer für die Berufstätigkeit.
Wie der Titel sagt, es ging mir in dem Buch um Glück!
Ich dachte, es ist ein Glück für Paare, für Frauen, Mütter,

wenn sie ihren Mann ganz und gar freiwillig lieben, nicht weil der Mann alles bezahlt.
Ich dachte, dass das Liebe ist, wenn man jemanden nicht lieben **muss**.
Vielleicht ist es aber auch Liebe, wenn es einem wurscht ist, ob der andere arbeitet oder nicht, vielleicht gibt man dann gern mit vollen Händen – und ohne Impuls zur Unterdrückung, vielleicht empfängt der Mensch, der nichts zahlen kann, weil er keiner Erwerbstätigkeit nachgeht, unbefangen und mit Würde. Wäre schön.

Sicher ist: Es ist **nur** wurscht in guten Zeiten.

Bei mir war es nicht wurscht, ich hatte einen Mann, die Zeiten waren nicht gut. Ich wollte weg.
Ich wartete lange mit der Trennung, weil ich mit ihm liebend gern eine Familie sein wollte.

Immer diese Gefühle.

Frauenschicksal?

Ich bekam noch einen Sohn, mein Konto war im Plus.
Ich war sogar im Fernsehen.
Ein Star.
Fast.
Dann wurde die Sendung abgesetzt.
Ich dachte, ich kann immer gehen.

Doch: Frauen können nicht immer gehen.
Vor allem nicht, wenn sie Mütter sind.

Gehen können die Frauen, die richtig Geld verdienen oder von Haus aus vermögend sind. Oder die einen Mann mit richtig Geld haben, mit dem sie sich nach der Trennung um die Immobilien streiten.
Otto Normalverbraucherin muss sehen, wo sie bleibt, wenn sie gehen will.
Oft muss sie bleiben, muss sich entscheiden zwischen Knechtschaft und Unglück – oder Armut.

Seit der Geburt meiner Tochter war ich selbständig, obwohl ich das nie erstrebenswert fand.
Eine Weile ging das sehr gut, ich musste mich nicht anbieten, ich war gefragt.
Später dann, als es das Internet gab und sich alles zum Negativen hin veränderte, musste ich um jeden Auftrag ringen.
Mein Netzwerk funktionierte nicht, ob es daran lag, dass ich eine Frau war, ich weiß es nicht. Frauenschicksal?
Männer schustern sich immer etwas zu.
Zu mir sagte mal ein Mann: »Hast du einen Freund, hast du einen Job.«

Ich habe mich getrennt, ich lebte mit meinen Kindern allein, ich wollte gern eine gute Mutter sein, die beste, und ich erledigte die ganze Care-Arbeit allein.

Das ist Liebe, und es ist anstrengend.
Doch damit glänzt man nicht.

Das ist definitiv Frauenschicksal!

Ich wollte zu den Frauen gehören, die reden, denen man zuhört, auf deren Gesprochenes und Geschriebenes man reagiert.
Ich wollte die Desdemona sein, die spricht. Um das Schicksal zu wenden.
Daran hatte ich immer geglaubt: Selbstbestimmung.

Und nun verlor ich die Worte.
Ich verkaufte keine Worte mehr.
In der EMMA wurde ich einmal eine fröhliche Feministin genannt, was für ein Titel. Und nun war ich still und verzagt.

Ich könnte zur Verbesserung meiner Lage irgendeinen Hilfsjob annehmen.
Zum Beispiel im Verkauf am Bahnhofskiosk. Vor einigen Jahren bekam ich den Tipp.
»Du magst doch Bücher und Zeitungen. Ist das nicht etwas für dich?«
Ich stellte mir vor, wie ich einem smarten Ex-Kollegen vom *Hamburger Abendblatt* eine Zeitung und eine Packung Kaugummi verkaufe und wie er so tut, als wenn er mich nicht erkennt.

Ich habe durchaus einen Job, mit dem ich allerdings nicht viel Geld verdiene, ich habe einen Lehrauftrag an einer Hochschule, davon kann ich mich nicht ernähren, aber der Job ist Seelennahrung, er entspricht mir.
Er entspricht meiner Qualifikation.
Ich habe einen Beruf, ich habe ein Studium und eine Ausbildung und über Jahrzehnte geschrieben: Ich kann das.

Ich kann denken und schreiben.

Es gibt keinen Grund für den Kiosk.

Ich komme zum Schluss: Viele Dinge sind mir sicher geschehen, weil ich eine Frau bin, eine Frau auch, die aus einer bestimmten Klasse stammt. Nicht die gebildete Oberschicht.

Danke, Annie Ernaux, dass du mit deinem Schreiben Frauen aus dieser Klasse eine Stimme gibst.
Dafür hättest du zwei Nobelpreise verdient.

Keine Frau, deren Vater Architekt ist und Opern liebt und mit seinen Kindern Schach spielt und deren Mutter Deutschlehrerin ist und die den Kindern gute Literatur vorliest, weiß, wie wir Annie Ernauxs uns fühlen.

Wir kämpfen ein Leben lang für das, womit andere schon geboren werden:
Geld, Bildung, Titel, Erbschaften. Selbstbewusstsein.

Manches habe ich Ihnen in dieser Rede nicht erzählt, manches ist mir zu peinlich.
Ich bin beruflich vielen Menschen hinterhergelaufen. Die waren nicht besser im Job als ich.

Ich habe mich verrenkt, verstellt, angebiedert.

Dafür schäme ich mich. Vor mir selbst. Vor der Amazone in mir.

Scham ist weiblich. Scham senkt.

All das sieht man mir nicht an.

Meine Haare sind sehr gut gefärbt, das war meine Freundin, die eine geniale Friseurin ist.
Zum Sonderpreis.
Ohne meine Freunde wäre ich verloren.
Es ist ein Glück, dass sie alle mich halten.

Aber ich will mich auch selbst halten können. Materiell.

Bei aller Ungehaltenheit steht doch am Ende eines fest: Es gibt mehrere Geschichten in einer.
Sie zu erzählen und zu verstehen, das auf verschiedene Weisen, ist der Trost und die Zukunft. Daraus spinnen sich auf ewig Antworten, die bei aller Ungehaltenheit einen Halt geben.

Ich hätte meine Geschichte auch lustig erzählen können.
Ich bin ein Spaßvogel, ein Pechvogel, je nach Lesart.

Als junge Frau habe ich mit meiner ebenfalls lustigen Freundin Kerstin die Pechvogeltheorie entwickelt, die besagt, dass man einfach Pech haben kann. Wir haben uns gefragt, ob wir vielleicht welche sind, und Vogelgeräusche gemacht und uns vor Lachen die Bäuche gehalten und eine Flasche Sekt getrunken.
Wie sagt ein anderes weibliches schreibendes Vorbild von mir – Sybille Berg: »Manche Menschen suchen das Glück und lachen sich dabei tot.«

Hauptsache suchen.

Birgit Ehrenberg, studierte Philosophin, Dozentin an der Hochschule für Angewandte Wissenschaften in Hamburg und Buchautorin. Spezialgebiet: die Geschichte der Liebe, ihre Gegenwart und ihre Zukunft. Lieblingsphilosophin: Hannah Arendt. Lieblingsphilosoph: Alain Badiou.

Rameza Monir

## Die bekannte Fremde

Ich sehe es in Deinem Blick. Die Art und Weise, wie Du mich ansiehst. Ich sehe Mitleid. Ich sehe Befremdlichkeit. Und in manchen Blicken sehe ich den Hass. Du siehst mich an und glaubst, ich sei eine unfreie Frau. Eine Frau, die von ihrem Vater, Bruder und Ehemann unterdrückt wird. Du siehst in mir eine rückschrittliche Sklavin der Religion. Du siehst in mir die Antifeministin. Ich bin die Verkörperung dessen, was Du bereits bekämpft hast. Du hast Dich aus der Unmündigkeit befreit, den Rock abgelegt und die Hose angezogen. Du hast die Küche verlassen und Dir Deinen Platz in jedem erdenklichen Terrain erkämpft. Und nun blickst Du zu mir und verstehst es einfach nicht. Du verstehst nicht, wie ich UNSEREN erkämpften Schatz so leicht weggeben kann. Wie ich das Patriarchat mit offenen Armen begrüßen kann. Mich brav füge in die vorgegebene Rolle. Mich verheiraten lasse, Kinder bekomme und meine Träume mit eigenen Händen begrabe. Stumm, klein und schwach. Sind wir nicht schon weiter?

Ja, Du verstehst mich nicht. Du verstehst nicht, dass wir wie die Farben eines Regenbogens sind. Wir erstrahlen in den verschiedenen Nuancen des Lichts. Und obwohl wir verschieden sind, haben wir den gleichen Weg. Auch ich möchte frei sein, frei auf meine Art und Weise. Frei von Materialismus, Perfektionismus und Sexualisierung. Ich bin nicht unterdrückt, denn ich habe die Macht zu entscheiden, welchen Teil meines Körpers ich wem zeigen möchte. Ich weiß, dass ich schön bin, das nutze ich aber nicht als Instrument. Ich möchte nicht auf meine Schönheit reduziert werden. Meine Anziehungskraft liegt in meiner Persönlichkeit und meiner Intelligenz. In meiner Güte und in meiner Freundlichkeit. Und obwohl mir oftmals die Chancen verwehrt werden, werde ich mich davon nicht unterkriegen lassen. Ich werde dieser Gesellschaft zeigen, dass ich all das auch mit diesem Stück Stoff auf meinem Kopf schaffen kann.

Aber, hey, sehe mich nicht als Deinen Feind, denn ich verurteile Dich nicht. Es ist nicht alles schwarz und weiß. Falsch und richtig. Erinnerst Du Dich? Wir sind wie die verschiedenen Farben des Regenbogens, die Schönheit liegt in der Perspektive.

Ich weiß, dass Du es aber auch nicht leicht hast. Schauen wir auf Deine Lebensrealität. Während Du mich als Sklavin der Religion siehst, merkst Du nicht, wie Dir still und heimlich die Fesseln der Moderne auferlegt werden. Während sie Dir die Care-Arbeit selbstverständlich zumuten, erwarten sie von Dir, dass Du nebenher Vollzeit arbeitest. Du siehst Dir nach einem wohlverdienten Feierabend Reality-Shows wie den »Bachelor« und »GNTM« an und schaust anschließend unzufrieden in den Spiegel. Sie propagieren ein einseitiges Schönheitsideal, setzen den Maßstab so hoch, dass es manche von uns auf direktem Wege in die Magersucht führt. Du merkst nicht, wie die »For you«-Pages der Generation Z voll von Idealbildern einer perfekten Körperform sind. Wie sie ständig einem Trend nach dem anderen nachjagen, selbstverzweifelt die Likes brauchen. Ein aberwitziger Selbstoptimierungswahn. Sie werden aufgesaugt in ein Vakuum der Selbstbestätigung – toxisch und chauvinistisch.

Wie kann man dieser Toxizität und der hohen Erwartungshaltung denn auch entkommen? Als Frau, da sollst du hart arbeiten, aber auch für die Familie da sein. Für deine Kinder sollst du deinen Beruf aufgeben, denn du bist die Hauptverantwortliche. Du sollst dich um alle kümmern, aber gleichzeitig psychisch stabil sein. Nie Schwäche zeigen, nie krank sein. Dabei sollst du auch weich und fügsam sein, denn emanzipierte Frauen, die für ihre Rechte einstehen, das möchte niemand. Und bei alldem musst du immer gut aussehen. Wandelbar und vielseitig, so wird die moderne Frau beschrieben.

»I am not free while any woman is unfree, even when her shackles are very different from my own.« So lautet ein Zitat von Audre Lorde, einer US-amerikanischen Aktivistin. Emanzipation bedeutet nämlich vor allem eins: die eigene Freiheit zu wählen. Während wir in Deutschland aber zum größten Teil dazu privilegiert sind, unseren Bildungsweg zu wählen und den Traumberuf auszuüben, während wir uns kleiden, wie wir wollen, und überallhin reisen können, sieht es in den weitesten Teilen der Welt ganz anders aus.

Wie kann ich also wegschauen, wenn meine Schwester im Iran zum Kopftuch gezwungen wird? Wie kann ich friedlich weiterleben, wenn meine Schwester in Afghanistan keine Perspektive mehr hat? Wie kann ich abschalten, wenn meine Schwester in Uganda unter barbarischen Traditionen wie der Genitalverstümmelung leiden muss? Wie kann ich entspannen, wenn meine Schwester in Indien aufgrund eines Hijab-Verbots nicht mehr die Schule besuchen darf? Wie kann ich ruhig sein, wenn die Rate der Femizide in Deutschland immerzu steigt?

Nein, das kann ich nicht. Es ist ein gemeinsamer Kampf, mit einem gemeinsamen Ziel. Du bist diesen Weg bisher alleine gegangen, und nun möchte ich Dich in diesem Kampf begleiten.

So wie Du auch, möchte ich in keine Rolle gepresst werden. Weder in die einer nicht gewürdigten Hausfrau noch in die einer todunglücklichen Businessfrau. Ich möchte meinen Träumen nachgehen. Selbständig und nur für mich. Ich möchte etwas bewirken. Mich bilden und das System verändern. Anderen die Türen öffnen. Ich möchte geliebt werden und ganz viel Liebe geben. Ich möchte meine Kinder aufwachsen sehen und dafür nicht meine Karriere opfern müssen. Ich möchte tragen und nicht tragen dürfen, was ich möchte. Ich möchte über meinen Körper bestimmen. Und manchmal, da möchte ich einfach gar nichts. Nur eine ruhige Minute auf der Couch und einen mittleren Latte macchiato!

Und obwohl ich woanders herkomme, anders aussehe, anders glaube, bin ich Dir in Deinem Ärger und Deinen Sorgen, Deinen Hürden und Deinem Glück ganz nah. Wir sind wie die verschiedenen Finger einer Hand. Erst wenn wir zur Faust werden, gewinnen wir an Schlagkraft. Es sind nicht die Unterschiede, die uns voneinander trennen, es ist die Tatsache, dass wir diese Unterschiede nicht akzeptieren und zelebrieren gelernt haben.

Lasst uns füreinander einstehen, lasst uns die Stimme der anderen verstärken. Lasst uns solidarisch sein. Lasst uns bedrückende Hierarchien abführen. Für eine Gesellschaft frei von Unterdrückung und frei von Diskriminierung.

Frau, Leben, Freiheit.

Rameza Monir, geboren 1995 in Bad Nauheim, studierte Politikwissenschaften und Soziologie. Sie ist freie Journalistin und WIR-Koordinatorin im Schwalm-Ede Kreis.

Svenja Hünicke

**Es geht ums Gendern,
aber nicht um Sternchen**

Ich werde mit Ihnen über eine der alltäglichsten Sachen und gleichzeitig *die* machtvollste Sache im Leben sprechen. Alltäglicher als Zähneputzen und machtvoller als ein ganzes Waffenarsenal. Etwas, das sich die meiste Zeit in unserem Unterbewusstsein abspielt. Etwas, das ich die nächsten zehn Minuten benutzen werde. Über Sprache werde ich mit Ihnen sprechen.

Ich habe Romanistik studiert, das heißt Sprachwissenschaft der romanischen Sprachen. Das sind die, die die lateinische Sprache als Mutter haben. Das muss man sich mal vorstellen: Die Caesars und Ciceros des alten Roms versuchten, mit Regelwerken vorzuschreiben, wie man die lateinische Sprache (nicht *der* oder *das*!, sondern *die* lateinische Sprache) verwenden soll. *Die* lateinische Sprache hatte darauf aber keine Lust, zeigte all diesen ach so klugen Männern den ausgestreckten Mittelfinger und gebar *Sprachenkinder*.

Der Wahnsinn!

Natürlich: Es war nicht das Bewusstsein des Lateinischen, das sich dazu entschloss. Es handelte sich vielmehr um eine jahrhundertelange Entwicklung, um ein Ringen um den Zugang zu Sprache – darum, wer sie wie benutzen darf, wer sprechen darf und wer zuhören muss, wer sie als Werkzeug und wer als Waffe benutzt, wer mächtig ist und wer nicht.

Ich verweile einen Moment bei diesem Bild: Sprache als Werkzeug. Sprache dient uns wie ein Messer dazu, wunderbare Dinge zu kreieren, unser Überleben zu sichern, uns zu helfen, wo wir mit unserem bloßen Körper nicht weiterkommen. Nun kann aber ein Werkzeug in den falschen Händen zur Waffe werden – ein Messer, wenn es gedankenlos oder gar böswillig benutzt wird; oder Sprache, wenn sie für ein Unterdrückungssystem namens Patriarchat arbeitet.

Wie es aussieht, wenn das Patriarchat seine Klinge schärft? Bleiben wir bei der Mutter Latein:

Lupus heißt der Wolf. Lupa heißt die Wölfin. Und die Prostituierte. Zufall? Ein Publicus, also ein »Öffentlicher«, ist ein Beamter. Eine Publica eine Prostituierte.

Aber Latein ist bekanntlich tot. Schauen wir uns doch lieber ihre lebendigen Kinder an:

Französisch: ein homme public: ein Politiker, eine femme publique: eine Prostituierte. Ein maître: ein Meister oder Herr, eine maîtresse: eine Geliebte. Un garçon: ein Junge, une garce: ein durchtriebenes Luder.

Spanisch: auch hier, ein hombre público: ein einflussreicher Mann, die mujer pública: eine Prostituierte. Ein fulano ist eine männliche Person, ein Herr Soundso, die fulana: eine Prostituierte. Ein zorro: ein gewitzter Mann, eine zorra ... eine Prostituierte. Der gobernante: ein Regierender, die gobernanta ... keine Prostituierte, nur die Putzfrau!

Früher oder später muss man zu dem Schluss kommen, dass diese *Mutter*-Sprache Latein, so mächtig sie auch war, leider nichts gegen das Patriarchat und seine Zuarbeiter ausrichten konnte. Diese haben ihr Werkzeug so geschliffen, dass sich die Waffe auf perfide Weise in die DNA der romanischen Sprachen einpflanzen konnte.

Leider ist auch das Deutsche nicht verschont geblieben, auch wenn es eine andere Mutter hat. Um Ihnen eine Vorstellung davon zu geben, wie das Deutsche dem Patriarchat dient, möchte ich Ihnen eine Geschichte erzählen.

Treffen sich ein Klatschweib, eine Tratschtante und ein Lästermaul. Gackernd und schnatternd sitzen sie beim Tee und unterhalten sich über ihren Weiberkram. Der reinste Hühnerhaufen, sag ich Ihnen! Es ist eine nette Runde voll glockenheller Stimmchen, zartem Lachen und anmutiger Gliedmaßen, die sich in der Sonne rekeln ...

Bis der Zickenkrieg ausbricht, ein handfester Bitch Fight. Richtig hysterisch werden die drei.

Das Klatschweib nennt die Tratschtante Tussi, die Tratschtante das Klatschweib Flittchen. Diva, Heulsuse – Rabenmutter, Übermutter – Schabracke, Schwiegerdrachen – Glucke, Bratze – Drama Queen, Miststück – die Worte fliegen wie Ohrfeigen über die Teetassen hinweg.

»Schätzchen!«, kreischt das Lästermaul. »So beruhigt euch doch, was ist das denn hier wieder für ein Drama mit euch? Zänkische Kratzbürsten seid ihr, ja, genau! Streitsüchtige Hexen!«

»Fräulein, hast du mich gerade Hexe genannt?«, fragen das Klatschweib und die Tratschtante wie aus einem Munde und verwandeln sich in Furien.

»Das sagt ja die Richtige! Du bist doch die Schlimmste von uns, du intrigante Schlampe, Hure, Nutte! Hältst dich für die Muse deines Künstlers, den du dir geangelt hast, dabei bist du nur seine Matratze, ha!«

Das Lästermaul schnappt nach Luft.

»Wie bitte??? Nur weil ihr eine alte, herrschsüchtige Jungfer und ein frigides Hausmütterchen seid, muss ich mir nicht eure Eifersucht anhören!«

Die drei schweigen, schmollen, wundern sich über ihre Stutenbissigkeit.

Da holt die Tratschtante ihren Kalender aus der Tasche, schaut kurz drauf und fängt an zu kichern. Die anderen blicken sie verständnislos an.

»Wir sind solche Blondchen«, sagt die Tratschtante, strahlt und hält den anderen beiden ihren Kalender unter die Nase. »Kein Wunder, dass wir so launisch sind! PMS!«

---

Es ist doch in der Tat beeindruckend, mit welcher Vehemenz und Sorgfalt eine patriarchal geprägte Sprache Wörter erfindet, um die Hälfte der Menschheit, also Frauen, zu beleidigen und herabzusetzen, ihr Selbstwertgefühl zu sabotieren und ihnen jegliche Autorität abzusprechen. Und vor allem, um Gewalt an ihnen zu rechtfertigen – denn wo die Waffe ist, ist die Gewalt nicht weit.

Ein Beispiel, und wirklich nur eines, denn es verhält sich mit den meisten Wörtern ähnlich:

So langsam verbreitet sich das Wissen über den Ursprung des Wortes Hysterie, aber es sind lange nicht alle eingeweiht: Hysterie kommt vom altgriechischen Wort hystéra, was Uterus bedeutet. In der Antike ging man davon aus, dass die Gebärmutter, wenn sie keine Gelegenheit bekommt, ihrer Funktion nachzukommen, im Körper umherwandert und sich im Gehirn der Frau festbeißt. Dies hätte zur Folge, dass diese sich nicht so verhält, wie sie sich wohl verhalten sollte. Wie man das verhindern kann? Regelmäßige Spermienzufuhr, also Vaginalsex! Diese Theorie haben zahlreiche Männer noch bis ins 20. Jahrhundert weitergesponnen. Verhalten von Frauen, welches oftmals Männern nicht in den Kram passte, wurde pathologisiert, und es wurden sich neue Behandlungsmethoden überlegt wie etwa Elektroschocks oder das Abschneiden der Klitoris.

Für alle, die denken: Ja meine Güte, das Wort ist alt, wer aus der Gen Z benutzt das denn noch? – der:die denke bitte kurz über das Konzept des weiblichen Zustandes nach, welcher ganz modern als »underfucked«, zu Deutsch »untervögelt«, beschrieben wird.

Ich möchte schließen mit einem Zitat und einem letzten Beispiel.

Das Zitat lautet wie folgt:

»Seid ihr zwei zusammen?«

»Nein, wir sind nur Freunde.«

Die deutsche Sprache arbeitet nicht nur auf der Ebene der Worte für das Patriarchat, sondern auch auf Satzebene. Diesmal sticht sie ihr Messer in den Rücken aller Freund:innenschaften, die sich der heterosexuellen Liebesbeziehung doch bitte unterordnen sollen.

»Nein, wir sind nur Freunde.« Ich wundere mich über die Frechheit, die die Menschheit hatte, ein kleines Wort an einer Stelle einzupflanzen, an der nichts gefehlt hatte.

»Nein, wir sind Freunde« ist ein grammatikalisch korrekter Satz. Und wahlweise mit einem dankbaren Gefühl verbunden, einen wunderbaren Menschen an seiner Seite zu haben, der:die einen im Leben begleitet, und das nicht selten länger, als jede Liebesbeziehung es tut.

Mich macht es wütend, dass manche Menschen behaupten, Sprache hätte keinen massiven Einfluss auf unsere Wahrnehmung der Welt.

Mich macht es wütend, dass manche Menschen denken, Sprache sei ein individueller Besitz und kein öffentliches Gut, kein Werkzeug, an dem sich alle bedienen dürfen und an dem alle ein Mitspracherecht haben.

Mich macht es wütend, dass manche Menschen zu bequem sind, auch nur eine Sekunde darüber nachzudenken, wie sie Sprache gebrauchen – und in ihrer fahrlässigen Ignoranz in Kauf nehmen, rechts und links mit ihrem Werkzeug, das zur Waffe geworden ist, noch ein paar Personen zu verletzen.

Und mich macht es wütend, dass zu den Ignoranten auch noch solche kommen, die Sprache gezielt dafür nutzen, Menschen und vor allem Frauen zu isolieren, ihre Freund:innenschaften zu unterminieren, und ihnen so lange kleine Schnitt- und Stichverletzungen hinzufügen – bis die Flittchen, die Zicken, die Jungfern, die Bitches, die Tussen, die Musen, die Schlampen, die Weiber, die gackernden, frigiden, heulenden, dramatischen, launischen, lästernden, tratschenden und wirklich viel, viel zu emotionalen Frauen blutend am Boden liegen.

Gendersensible Sprache ist keine reine Debatte um Sternchen. Gendersensible Sprache bedeutet Werkzeug statt Waffe, bedeutet, mich kritisch zu fragen, auf welche Weise ich mich an diesem Gut Sprache bediene. Und ob ich nicht vielleicht doch noch zu oft Zuarbeiter:in des Patriarchats bin.

**Svenja Hünicke**, geboren 1998 und aufgewachsen am Niederrhein, arbeitet als Pädagogin und Trainerin mit Jugendlichen. Ihre Sprachbegeisterung lebt sie nach dem Romanistikstudium vor allem im eigenen kreativen Schreiben aus.

Kathrin Thenhausen

**Rede über etwas, das nicht ganz war**

Meine Stimme bricht. Meine Stimme bricht in Stücke, die ich Stück für Stück verschlucke, bis ich fast daran ersticke. Nur fast. Genug Worte im Mund, hervorgewürgt aus einem ausgestopften Rachen, um zu sagen, mir gehe es gut. Ganz leise. Denn ich bin ja nicht alleine, es sind einige, die leiden, und kollektiv ist Lügen leichter.

Aber wir lügen nicht, wir schweigen nur, wir sagen kein Wort, weil nie etwas passiert ist, und das ist vielleicht das Problem.

Als ich klein war und wir abends in der »Tagesschau« fünfzehn Minuten Weltschmerz sahen, hoffte ich, ich wäre selbst eine derer, die im Fernsehen Mitgefühl bekämen. Mir würde etwas Schlimmes geschehen, und die Traurigkeit in mir hätte einen Grund, der mehr war als das Aufwachsen als Frau, als ein Geschlecht und die dazugehörige Erziehung, die ja nicht einmal eine bewusste war, sondern eben anerzogen und nichts, weswegen man weinte. Ich fühlte mich wie ein Opfer, dem der Grund fehlte, ein Opfer zu sein.

Ich war vier, und es war Ostern, meine Großmutter hatte ein Geschenk dabei, wir waren zwei Kinder. Das Geschenk war für meinen Bruder, ich bekam ein Lächeln, die Jungen waren wichtiger früher, sie zogen in den Krieg, es gibt immer Krieg irgendwo, auch heute. Meine Oma war enttäuscht, dass meine Eltern zuerst mich bekamen. Einmal hörte ich meine Mutter in der Küche mit ihr reden, meine Oma hatte es nicht verstanden, meine Oma wurde 1941 geboren, die Stellung der Frau erst '49 im Grundgesetz verankert, und meine Naivität schob die Schuld an ihrem Umgang mit mir in die acht Jahre Differenz und später in die anerzogene Differenz meiner männlichen Kollegen. Es ist immer die Differenz, erkläre ich mir, bei jedem Stolpern über Rollenbilder, die Differenz spreizt den Gender-Gap wie meine Beine, ich habe Angst im Dunkeln.

Ich war sechs, sieben, acht, neun, zehn, und mein Vater sagte abends, ich solle aufhören zu weinen, das tun nur kleine Mädchen. Ich sei doch groß und bald erwachsen.

Er hasste es, wenn Tränen flossen. Heute frage ich mich, ob er Angst hatte, in den Tropfen aus Salzwasser auf meinen Wangen ein Spiegelbild zu sehen, auch ihm ging es nicht gut, auch er spielte eine Rolle, die des Mannes, der Geld verdiente, es war ein Glücksspiel. Er gab meiner Stimme eine Klangfarbe, Pastelltöne, er hatte ein Milchglas über mich gelegt. Ich trank die Milch hohen Fettgehalts wie Wasser, ich hoffte, daran zu wachsen. Noch heute lasse ich im Gaumen Milch und Honig fließen, doch fürchte ich, lebenslang nur tote Worte zu gebären. Ich habe Angst im Dunkeln.

Ich war fünfzehn, vielleicht sechzehn und wusste nicht, was ich werden sollte, die meisten derer auf dem Land wären immer noch Mütter, wenn ich etwas mit Technik sagte, verzog man das Gesicht, als hätte ich einen Witz gemacht. Natürlich kann man alles werden, aber manche Wege sind steiler, manches Gepäck ist schwerer, nicht alle sind Pioniere, wieso muss man als Frau den Vorstieg beherrschen? Ich übte die Coolness, wie die Jungs es taten, eine Zigarette in der Hand, den Versuch auf den Lippen, möglichst tief einzuatmen, meine Stimme dunkler klingen zu lassen. Ich verbog sie, bis mein Hals ganz krumm war und an die Nägel erinnerte, die ich früher auf Dorffesten einschlug und selten traf. Aber der Besitzer des Standes machte sich nichts daraus, ich sei ja ein Mädchen, seine Frau stand neben ihm und ließ die Stricknadeln ein Bild stechen, das nannte sich Idylle.

Meine Mutter sagte, ich solle aufpassen im Dunkeln, es gäbe Männer, die seien böse. Wenn ich mich nachts von Freundinnen trennte, sagten wir nicht *Tschüs*, sondern *Schreib, wenn du daheim bist*.

Ich muss siebzehn gewesen sein, die fremde Hand an meinem Po, die Bewegung des Zuges, in den Kurven drückte sie unter mein Kleid. Ich stand in den Menschen, die keinen Sitzplatz fanden, und ich fand keine Stimme, um etwas zu sagen, und verbarg diese vermeintliche Stärke stummen Aushaltens in zusammengebissenen Lippen. Stieg aus bei der nächsten Station, noch eine halbe Stunde von der richtigen entfernt, ich setzte mich auf den warmen Asphalt und atmete schwer, aber das war keine Schwere, die sich messen ließ. Es ist ja fast nichts passiert. Zu Hause wusch ich mir den Intimbereich aus, fast eine Stunde stand ich unter der Dusche, meine Eltern schimpften mich später, Wasserverschwendung, ich schwieg.

Denn mir war ja nichts passiert, diese fremde Hand, die taxierenden Blicke, die Aufdringlichkeit kennen 74 Prozent aller Frauen. *Gutgehen* misst sich an dem Durchschnitt des allgemeinen Zustands, mir geht es eben normal, sage ich, falls jemand nachfragt.

In ihrem *Bachmanntext* schreibt Laura Leupi, die, denen etwas getan wurde, summieren sich auf Zürichs Bevölkerung, die, die etwas taten, müssen also auch Zürich gewesen sein, und in meiner Vorstellung ist Zürich eine Großstadt aus lauten Fassaden. Während sie liest, denke ich an die idyllischen Vorstädte, an die Vororte Zürichs, an die Regionen in der Schweiz, in welchen ich mit meinen Eltern wandern ging, an die Kinder, die wir dort in die Schule gehen sahen, an die Frauen auf den Höfen, an die in kleinen Städten, an die, die in der Kirche saßen und beteten. Die Vororte und Felder sind immer leiser als die Städte.

Dort passiert nichts, jedenfalls nichts, das sich messen lässt, die Einzugsgebiete sind keine Täter, dort ist es nur manchmal ein Blick. Vielleicht eine Bewegung der Hand, vielleicht mit Absicht, vielleicht nicht, vielleicht haben sie nur getan, was schon ihre Eltern taten. Erziehung ist doch keine Tat, rosa Puppen, der Computer für den Bruder, das Interesse zugeschnitten auf Kleinfamilie-Spielchen, Witze beim Einparken, es ist nicht diese eine Tat. Zürich wäre viel größer, würde man anerkennen, dass nicht erst sie die Albträume bereitet, sondern alles zuvor. Dass nicht nur ein Blitzschlag Stille erzeugt, sondern auch das laute Geräusch endlos prasselnden Regens, das Sich-ständig-behaupten-Müssen gegen die, die meinen, man könne es nicht, man sei eine Frau.

Ich war neunzehn, da habe ich begonnen, Informatik zu studieren.

Ich war sechzehn ... zweiundzwanzig und hatte ständig das Gefühl, nicht gut genug zu sein, zu still, zu unangepasst, wenn Oma mich fragte, wann ich denn endlich jemanden vorstellen würde, als wäre ich alleine nur ein verlorener Anhang.

Bin nun bald dreiundzwanzig und drücke einmal die Woche meinen Körper in den purpurroten Sessel des Therapiezimmers, so weiche Kissen kennt mein Gesäß nicht, manchmal fürchte ich, es könnte sich verlieben. Ich habe Angst vor der Liebe, seit ich sah, wie meine Mutter meinen Vater ansah, wenn ein Viertel von ihr am Herd die Reste des Tages erwärmte, ein Viertel von ihr die Brote für morgen belegte, ein Viertel von ihr über ihre Stöckelschuhe stolperte, ein Viertel Kinder hervorpresste, ihre Augen auf Vaters Teller lagen und ihre Hände den Schöpflöffel hoben und senkten. Eine Hälfte von ihr trägt immer ein Lächeln zwischen geschlossenen Lippen, ein Ganzes von ihr hat gelernt, sich nicht zu beschweren. In der Mathematik ist meine Mutter ein Bruch von den Gesetzen, die seit der Antike von Männern formuliert wurden.

Die Liebe ist mir suspekt, bedeutet für mich Aufgabe, ich bin gerade dabei, mich wiederzufinden.
Manche nennen es Therapie, ich würde Stimmunterricht sagen. Ich lerne, Worte zu bilden, aus Ereignissen, die mir nie wirklich passiert sind, nur eben in Ansätzen, nur in der Größe von Schweizer Vororten. Ich hole diese aus dem Dunkeln hervor.

Meine Stimme ist leise, das war sie schon immer. Viele Stimmen sind leise, die derer, die einen Grund haben, und die derer, die meinen, keinen zu haben. Ich habe eine gegensätzliche Form von Bulimie entwickelt, schlucke die Worte und breche nicht nach außen, sondern nur innen in Stücke, aber lerne, darüber zu reden.

Nachts sitze ich gebeugt über Landkarten, trage Vororte in Notizbücher ein, lerne sie auswendig, lerne ihre Namen. Stehe auf, laufe zum Spiegel und spreche sie aus.

74 Prozent haben zusammen eine unglaublich laute Stimme, und jedes Wort, das jemand sagt, wirft ein Echo, wenn man darauf hört, dann hallt es wider. Ich fange an zu reden, über all das, was mir nur halb passiert ist.

Kathrin Thenhausen, geboren 2000 in München, studiert Informatik. Die Literatur ist ihr das Wichtigste.

Corinne Othenin-Girard

## Das Lesen meines Geschriebenen ist dem Sprechen wie ein Geländer (oder über meine Sprache in einem halben Satz)

Ich komme an die Sprache von einem anderen Punkt als Beckett, und doch findet der Satz von ihm, *ein Loch nach dem anderen in ihr [der Sprache] zu bohren, bis das Dahinterkauernde, sei es etwas oder nichts, durchzusickern anfängt,* eine Resonanz in mir, und Unsagbares sprachlich darzustellen, ist mir irgendwie bekannt, doch wieder auf andere Art, und Schweigen ist kein utopischer Zustand für mich, ist ein mir aufgezwungener Zustand, mit Händen und Füssen wehrte ich mich dagegen, je vais continuer, wie der Namenlose von Beckett sagte, weiterschreiben, wieder schreiben, weitersprechen oder es versuchen, immer wieder, meine Gedanken abzugrasen und ihnen einen Fixationsgrund, Fixationspunkt geben, Geschriebenes ist ja Fixiertes, thinking I could, meine ganze Energie ging ins Denken, bin ins Sprachlose katapultiert worden, auch Schreiblose, kannte Buchstaben, wie die zusammengehören in einem Wort, wusste ich nicht, Momentaufnahme, immer noch Wortunterbrüche, wordfindings, in Gedanken hatte ich's eben noch, legte sich nicht auf meine Zunge, rechtsumkehrt, Unsichtbarkeitsumhang angezogen, hat sich in ein Sumpfloch verkrochen, nicht beim Schopf zu fassen, Niemandsland der Sprachlosigkeit, meine Identität wollte sich nicht da hineinfügen, zupfte Münchhausen-like jedes Wort aus dem Sumpfloch, immer wieder, immer wieder, immer wieder, hab eine richtige polyglotte Wortsammlung by now, kann mich damit sehen lassen, wenn ich's selber sagen darf, ich sag's, ist mir gleich, was andere dazu denken, auf jeden Fall hab ich's schon weit gebracht, und jetzt schreibe ich, schreibe besser, als ich spreche, immer wieder Sprechpausen, im Schreiben hört man nicht die Unterbrüche, mein Redefluss verschwindet im Strudel, manchmal ist's ein mickriges Bächlein, ein Rinnsal, eine Gletscherrutschbahn, ein schwarzes Loch schuf the stroke in mir, schaute nicht in den Abgrund, der war für mich zweimal unsagbar, einmal because I was dumbfounded, stunned, paralyzed, nicht nur right sided, den grauen Mantel, den dieser Zustand über mich geworfen hat, konnte, wollte ich nicht sehen, hatte Brennenderes zu tun, so schnell wie möglich auf meinen Beinen stehen, vorwärtsgehen, und dann das andere Mal unsagbar, weil ich gar keine Stimme hatte, Sprache futsch, das ist so bei einer kompletten Aphasie, ich konnte es ja gar nicht sagen, es ging gar nicht, kämpfte mich zurück zu den Sprechenden, hatte Widerstand, zumal ich mehr Sprechpausen hatte und die Leute sich genötigt fühlten, mir sprachlich auf die Beine zu helfen, ging gänzlich, und jetzt habe ich so ein Sumpfloch wieder, hatte den ganzen Satz in Gedanken, wollte das dritte Wort eintippen, da war's nicht mehr da, schreib jetzt den Satz weiter, ging gänzlich daneben, in die Hosen, denn die Leute wissen nicht genau, was ich sagen will, können die ja auch nicht, wenn die Leute immer noch meinen, dass ihr Sprachzug der schnellere ist und sie mich überholen müssen, biege ich schnell ab, man kann auch mit einem langsameren Zug schnell zum Ziel kommen, wenn man ein Ziel im Auge hat, zügig, zügiger, am zugkräftigsten, laufe herum mit dem *Foreign Accent Syndrome*, gibt's wirklich, mein Gaumen bemüht sich, der Zunge ein Vorbild zu sein im Auslegen der Buchstaben, manchmal geht's oder auch nicht, vor allem am Telefon, da bieten mir die Leute alle möglichen Sprachen an, ohne zu hören, was ich eigentlich wollte, swiss disease, kenn es selber, meine Identität scheint staatenlos, scrutinizers go and jump, meine Identität ist verwurzelt über die Gedankenwelt, verschlungen mit meiner Ideenwelt, da stehe ich als Baum, verknüpft mit dem nährstoffreichen Sprachgedankenboden, der jedem zusteht, der common ground ist, mehr als nur in einer Dimension, da steckt vielleicht ein Aroma oder Klang hinter den Gedankenbodenworten, und man kann mit ihnen eine Zeitreise machen, wenn man es zulässt, kann man sie erfühlen, nein, ich bin nicht verrückt, nur eben anders, vielleicht so anders auch nicht,

**Corinne** Othenin-Girard, geboren 1962 in Winterthur, Schweiz. Sie lebte 23 Jahre in Melbourne. Sie verfasst Theaterstücke, Prosa und Gedichte. Sie hatte 1994 einen Hirnschlag mit Aphasie. Jetzt schreibt sie an ihrer Doktorarbeit in Soziologie an der Universität Basel.

Maya Alou

## Und wer da stirbt, der erwacht zum ewigen Leben[1]

REFRAIN
Ich erfinde Dich. Jetzt. Damals. Übermorgen. Dich erfinde ich. Das ist notwendig, und es geht überhaupt kein Weg daran vorbei --- denn wenn ich in der Bahn sitze, sitzt Du im Fenster daneben. Wenn ich schreibe, dann bleibst Du in den Buchstaben hängen. Wenn ich das Bett verlasse, rollst Du Dich in den Decken ein. Wenn ich mich ausweise, gehst Du mit auf die Reise. Ich lebe, während Du schwebst. Und wenn ich lache, sitzt Du in meinem Gesicht --- das, was jetzt kommt, ist kein Gedicht.

ERSTE STROPHE
Es war ein Mittag nach der Schule. Wir kamen nach Hause. Opa lag im Altersheim, schon seit Jahren, und wollte, musste besucht werden. Oder die Blumen in seinem Zimmer brauchten einfach dringend mal wieder Wasser. Auch er brauchte dringend mal wieder verdünnten Apfelsaft aus der Schnabeltasse. Wie ein Kleinkind. Und die Nägel, oft lang wie Krallen, mussten mal wieder geschnitten werden. Wie ein Monster. Und wieder das Blumenwasser aus der

Vase vom letzten Besuch eines entfernten Kindes: musste ausgetauscht werden! Grüner Tulpentümpel. Irgendwas dazwischen musste es gewesen sein. Vielleicht war er auch schon wieder krank, und die Ärzte wollten beratschlagen, und jemand wollte eine neue Pflegestufe. Vielleicht lagen an diesem Mittag Distelsamen in der Luft, die meine Mutter gereizt hatten und die sie versehentlich in die Suppe gerührt hatte --- unwillentlich in die Suppe, die sie uns an diesem Mittag schnell gekocht haben musste. Wir stichelten und bohrten, wir drehten die Löffel im Kreis. Und aus dem Grund unserer Teller stieg eine dunkle Frage auf. War sie denn krank gewesen, unsere liebste Oma, die so früh starb, dass wir sie gar nicht kennenlernen konnten? Und wenn sie krank gewesen war, hatte sie denn eigentlich so eine schlimme Art von Krankheit gehabt? Hatten wir also Erbkrankheiten? Oder war es ein Unfall gewesen? Oder war es nur Herzversagen? Ist sie vielleicht einfach in Ruhe eingeschlafen? Hier die Antwort, die wir zum Nachtisch serviert bekamen:

Sie hat sich umgebracht. Sie hat sich ganz besonnen das Leben genommen. Sie hat Suizid begangen, ohne einen Abschied von ihren Kindern zu verlangen. Sie hat den Freitod gewählt, das Leben hatte sie zu sehr, zu lange gequält --- Freitod, am Freitag unter freiem Himmel, frei von allen Zwängen, freizügig, freilich allein, aber der Freiheit ganz nah. Bis zuletzt Entsetzen. Entsetzen am Mittagstisch. Salzige Suppe. Tränen. Unsere Kindheit verloren in der Suppe, die wir vielleicht an diesem Mittag gegessen hatten. Verflogen die vielen Erinnerungen an eine Frau, die ich nie kennengelernt hatte.

ZWEITE STROPHE
Ein Absturz ist schnell und unkontrolliert. Der Rausch. Das Hochhaus. Die Leiter. Ich stand unten. Wehender, wütender Wind. Die Stadt leer. Keiner mehr. Alles schlief. Die Baumwipfel klimperten am Horizont. Ein Lied lag in meiner Ohrmuschel, schlief auch. Tau klebte unter meinen Augen. Ja, zu dieser Stunde bleibt die Zeit stehen. Das war schon immer so, und so wird es sein. Nur ruhig und geduldig bleiben, während man sich nach und nach in Luft auflöst, aufplatzt, verweht. Es war schrecklich, so allein zu sein, allein auf dem Pflaster vor diesem Hochhaus zu stehen und zu warten, zu warten. Der Turm schwankte und drohte zu kippen. Hatte er denn keinen Halt mehr? Mein Mund war geöffnet wie zum Gebet. Kein Hauch, auch kein Amen, nur Atmen: Das ist noch nicht das Ende. Es ist erst der Beginn. Spannung im Bauch, schmerzende Beine, ein Ziehen im Rücken, Wehen, Wehmut. Dann fielen sie. Sie fielen, eins nach dem anderen, aus den Wolken über mir. Erst zwei Jungen, dann zwei Mädchen, Zwillinge, doppeltes Glück und dann ---

Ich habe vier meiner Kinder aufgefangen, gewissenhaft, ich erinnere mich an ihre Schreie, den Ankunftsschmerz, ihre Kälte, meine Wärme. So habe ich sie an mein Herz gedrückt und im Tau gewaschen. Nur eines ist mir entfallen, wie ein Gedanke, der nicht zu Ende gedacht wurde. Und doch auf seine Abwesenheit besteht. Es blieb mir nichts anderes übrig, und so musste ich mein letztes Kind erfinden, weil es seinen Weg auf diese Welt nicht gefunden hat. Die anderen vier habe ich in Watte gepackt und wie Schneeflocken mit Samthandschuhen getragen, Tag für Tag, habe ihnen die Welt gezeigt bis zu der Stunde, in der sie mir zu schwer wurden und auf den Boden fielen. Es war doch kein tiefer Sturz. Sie lebten. Ich begann zu schweben, packte nun mich in die Watte und setzte mir eine Glasglocke auf. So erstickte ich langsam an meinen Gedanken. Nur manchmal, wenn eines der Kinder kam oder ein Hauch von Frühling mich umwob oder ein herbstlicher Schleier durch die Lande zog, da hob sich die Glocke, und wir putzten sie gemeinsam ---

Das Hochhaus. Die Leiter. Gedankenleer, hilflos stehe ich davor. Die Tür zum Hochhaus steht offen, lächelt mich an, bittet mich diskret herein, der Aufzug surrt, und der nächste Sturz ist nur noch eine Frage meines ewigen Lebens.

DRITTE STROPHE
Es war das Jahr 1966. Der Sommer beugte sich zum Herbst. Die Luft hing schwer über den Feldern, es war schwül, und so konntet Ihr während der Überlandfahrt die Fenster öffnen. So musstet Ihr Euch nicht unterhalten. Der Wind war glücklicherweise viel zu laut, als dass man überhaupt hätte reden können. Und geschrien wurde doch schon genug zu Haus. Der Wind spielte mit Deinen blonden Haaren, dunkle

Wogen auf Deinem Kopf. Die Kinder waren heute zu Hause geblieben. Du warst allein mit einem Mann, der längst nicht mehr Deiner war. Er war Dein Ehemann, mehr nicht. Du warst zunächst sein Lottogewinn, dann seine Hausfrau, die Mutter seiner Kinder, das Mädchen für alles, die hysterische Ehefrau, mehr nicht. Da war keine Liebe mehr zwischen Euch – nur ein unsichtbares Band, das sich immer enger um Deine Brust schnürte und von dem er nicht wissen wollte. Auch heute nicht. Da war der Unfall mit der Leiter auf dem Gutshof, Dein Bein, das nicht mehr heilen wollte, Du blöde Kuh. Und die ständigen Schmerzen. Der Arzttermin heute in der Großstadt. Wärmetherapie. Heiße Luft. Die Welt geriet aus den Fugen, das wusstest Du. Dann fing es an zu regnen. Aus dem Fenster heraus sahst Du die Regenschleier über den Wäldern, die Berge am Horizont waren ganz im Wolkenschaum versunken, verschwommen ahntest Du in der Ferne der Sonne goldnen Saum; die Felder ernterief, gelb und sanft ins Wiesengrün geschmiegt, bald schon würden bunt die Berghänge leuchten und Dein geliebter Herbsthauch ins Land ziehen. Nur zu schnell wird auch diese Zeit wieder vergehen, Trost und Wärme, Himmelsblau --- der scharfe Fahrtwind, der Deinen Gedanken vorhin noch Auftrieb gegeben hatte, blies durch Dein kurzes, einsames Glück, und Deine weiche Welt wurde von einem auf den anderen Moment kalt und grau.

REFRAIN

Ich erfinde Dich. Jetzt, damals, übermorgen. Dich erfinde ich --- ich habe mich in denselben Zeilen wiedergefunden, in denen Du Dich vergessen hast. Zwischen den Zeilen schlummernd, habe ich Dich entdeckt, im abbrechenden Wort noch gehört --- *Und auf einmal standst Du neben mir, an mich angelehnt*[2]*:*

Himmel und Erde, Regen und Wut, Stock und Hut und dumme Reime, fröhliche Feste, ungeladene Gäste, Nacht und Tag, Mann und Frau, Haus und Garten, Schein und Sein, Sorgen und Kummer, Regen und Frieren, am Ende alles riskieren. Ich habe Dich schon immer erfunden, so hast Du weitergelebt, ich erfinde Dich jetzt, gerade in diesem Moment, Dich erfinde ich. Das ist notwendig, und es geht überhaupt kein Weg daran vorbei --- verzeih.

**Maya Alou**, geboren 1990 in Kassel, studierte Anglistik / Amerikanistik und Germanistik in Freiburg. Sie arbeitet als Fundraiserin im sozialen Bereich und ist Mitarbeiterin am Literaturhaus Kassel.

---

1 Letzter Vers aus Franz von Assisis *Friedensgebet*
2 Nach dem Vers aus J. Ringelnatz' *Und auf einmal steht es neben dir*

inka°witz

## das ICH im folgenden

Der folgende Text thematisiert Gewalt, die sowohl mit sexuellen Übergriffen als auch mit verschiedenen Diskriminierungsformen assoziiert werden kann.

In dem Bewusstsein, dass ich hier über Schmerzerfahrungen spreche, die viele Menschen teilen, bitte ich Sie, auf sich achtzugeben, Ihre Grenzen ernst zu nehmen und für sich zu sorgen. Ich bitte Sie außerdem, mein Schreiben und Sprechen als einen Versuch zu begreifen, der, eben weil er ein Versuch ist, nicht vollkommen ist und vielleicht auch nie sein kann. Bitte seien Sie in Ihrem eventuellen Feedback umsichtig mit mir. Das hier kostet mich Mut.

Das ICH im Folgenden ist nicht ein Ich, nicht allein mein Ich, sondern viele.

I

Wenn ich an mir runterschaue, dann sehe ich meine Brust, meinen Bauch, seitwärts die Arme, die Hände, mein Becken, meine Oberschenkel, meine Knie, meine Schienbeine, meine Füße. Wenn ich an mir runterspüre, spüre ich meinen Hals, meine Brust, meinen Bauch, meinen Rücken, seitwärts die Arme, die Hände und dann nichts mehr. Ab meinen Hüftknochen ist da nichts mehr vorhanden. Also muss ich mich doch wundern, dass da Beine und Füße und Knie sind, die sich bewegen und auf Elektroimpulse aus meinem Kopf reagieren, als gäbe es sie wirklich. Ich weiß nicht, ob ich einmal von innen her Beine und all das, was fehlt, hatte. Ich glaube schon.

> Ein Weg im Alltag, ein bekannter Weg im Alltag, ein Every-day-Weg:
> raus, Ecke, dann rechts, hundert Meter geradeaus, dann links, ein Laden, eine Kneipe, eine Brache, noch ein bisschen, Hallo, bekanntes Gesicht, weiter, die Kreuzung, noch fünfzig Meter, dann angekommen

Einmal oder zwei- oder ein paarmal war da jemand, der Zugriff hatte auf das, was mein Körper ist. Er hat ihn sich erschlichen, erschimmert. Langsam oder plötzlich konnte seine Haut meine berühren. Berührung wie eine Säure oder wie wenn du Erde umgräbst. In diesem Augenblick hat sich dieser jemand dupliziert. Seitdem begegnet er mir überall. Er blitzt ständig auf in der Menge der Menschheit. Dann fliegt ein Teil von mir zurück, hin zur Säure, zum Umgegrabenwerden.

Eine Rast, ein Rastplatz, kurz pinkeln, das muss, das kann.
Alles hell, siebzig Cent in der Tasche, Hände waschen, raus, weiter, alles gut.

Fünf Tage die Woche, lernen, fürs Leben lernen. Mathematik, Physik, Deutsch, Sport, so gut sein, dass da keine Hilfestellung Platz hat.

Irgendwo an mir ist ein Schild, das ich nicht sehe. So ein Reduziert-Schild, wie auf Lebensmitteln, die morgen ablaufen. Ich bin wie im Angebot, und ich kann das nicht ändern. Ständig werde ich gedrückt, wie ein Obst. Werde gehoben, als wolle man mich wiegen.

Ausgehen, eine Bar, ein Club, tanzen, draußen stehen im Winter und gemeinsam frieren, dann zurück zum Bass, ins fleischige Getümmel. Schweiß, eigener, fremder

Wenn eine Hand, geballt oder nicht geballt, mich berührt, dann denkt die Hand nur, dass sie ... aber eigentlich kann sie das gar nicht. Denn mein Ich beginnt erst viel später, dahinter, hinter meiner vermeintlichen Haut. Ich habe mich versteckt in mir selbst, häute mich Schicht um Schicht, Haut um Haut, die erste ist Hülle, die zweite Dämpfung, die dritte, die vierte ... viel später erst ICH.

Ich bin ich wütend! Ich schätze, ich bin noch ungefähr dreißig Jahre lang wütend, und dieses Schätzen macht mich direkt so wütend, dass bestimmt noch mal zehn Jahre dazukommen. Ich will in diesem Leben noch etwas anderes tun als wütend sein.

Familienfest,  
ein bisschen »Weißt du noch?« sagen.  
Ein bisschen weißt du noch ... sagen

Das mit dem Weinen ist ein Problem. Ich mache das nicht. Ich könnte das tun, aber ich habe einfach keine Zeit. In mir ist ein Meer, und das will hinaus. Es will geweint werden, aber ich habe keine Zeit dafür. Wer soll denn dann ... arbeiten? Wie kommt denn dann Geld, und die Wohnung und die Familie und das will auch niemand sehen. I am a power person.

Ein Zuhause,  
ein Zu, ein Geschlossenes,  
ein zu sehr zu – Haus

Ich habe eine Superkraft, ich kann machen, dass Räume explodieren, nicht in ihren Materialien, also zum Beispiel eine Couch mit Schaumstoff, in gemustert, das nicht, aber Räume gemeint als Atmosphäre. Ich habe eine Geschichte, die ich so erzählen kann, ganz echt, weil sie echt ist, die macht, dass die Atmosphäre im Raum explodiert oder implodiert, auf jedenfalls etwas Großes. Ich kann das erzählen, und dann kann ich zuschauen. Ich habe eine Superkraft.

    Ein Schild auf einem Spielplatz mahnt:
   Keine Zigaretten, kein Alkohol, keine Hunde

Ich vermute, ich bin die Einzige, aber manchmal sehe ich Körper, auf der Straße, im Bus, in der Schlange im Supermarkt, auf der Geburtstagsfeier meines Opas – die von außen aussehen, als hätten sie von innen vielleicht auch keine Beine.

  Auf Reisen sein, Zug fährt, oder die Landschaft wird
               geschoben?!
  Es gibt viele Sitzplätze, nebeneinander, einander
                gegenüber

Wenn ich versuche, das, wie die Welt durch meine Augen ist, zu erklären, dann wachsen aus den Ohren meines Gegenübers Gewächse. Sie verschließen den Gehörgang und das Hirn, klemmen das Herz ab. Müde macht das Sprechen zu Gewächsen im Ohr, mit abgeklemmten Herzen gegenüber. Müde.

           Viele Orte –
      vielleicht dazwischen Inseln

Wenn ich an mir runterschaue, dann sehe ich meine …, meinen …, seitwärts …, die Hände, mein …, meine Oberschenkel, meine Knie, meine …, meine Füße. Wenn ich an mir runterspüre, spüre ich meinen Hals, ein Umgegrabenwerden, ein Meer … manchmal nichts. Da ist dann nichts mehr vorhanden. Also muss ich mich doch wundern, dass da ein Körper ist, der sich bewegen und auf Elektroimpulse aus meinem Kopf reagieren kann, als gäbe es ihn wirklich. Ich weiß nicht, ob ich einmal von innen her einen Körper und all das, was fehlt, hatte. Ich glaube schon.

II
Und dann sagt es zu mir, in mir und von außen auch:

Was ist, wenn ich einen Namen habe.

Was, wenn es Worte dafür gibt, die nicht wie eine Geschichte klingen, sondern klar und wirklich.

Was, wenn wir anfangen, offen zu sprechen.

Was, wenn du und ich und wir etwas daran als Regelmäßigkeit entlarven, als ein Muster, wie Zebrastreifen oder Punkte auf dem Stoff von einer Couch mit Schaumstoff in einem Wohnzimmer vor langer Zeit.

Muster sind Struktur.

Was ist, wenn verschwundene Beine strukturell sind.

Also was, wenn wir zum Beispiel hundert Beine fragten, ob sie verschwunden sind, und dann sagen die, deren Beine es sind, vielleicht jedes siebte Mal: Ja.

Dann hätten wir ein Muster, wie Punkte, und das könnten wir dann zusammen anschauen.

Was, wenn wir dafür Sprache fänden. Worte, die all das auffangen und die man halten kann, in Gedanken – um die Gedanken zu halten.
Was man halten kann, kann man auch weglegen. Wir könnten es vielleicht mal für eine Weile zur Seite legen und andere Dinge machen:

Ein bisschen wünsch dir was sagen ...

Einmal, im Zug, da saß ich und wurde wie so oft von fremden Augen ausgezogen, keine Kraft gehabt ich, zu müde gewesen. Dann das Verschwinden geübt und klein geworden.
Dreißig Minuten, aus dem Fenster schauen, versuchen, die Farbe vom Sitz hinter mir anzunehmen als Tarnung, mich nicht aufs Klo trauen, weil vielleicht kommen die Augen nach. Irgendwann ein Gefühl, als gäbe es nur noch mich und die Augen. Gewohnheitssache, alles endet irgendwann. Kenn ich schon.
Und dann, aus einem Irgendwo, neben mir ein Mensch. »Hey, du wirst da seit dreißig Minuten angestarrt, und ich finde das übergriffig und unangenehm. Wenn du willst, sag ich was.«
Auf einmal wach ich, und Kraft und Mut und ich geradeaus mit meiner Stimme, die es ja gibt: »Hey, du lässt das jetzt, du mit deinen Augen auf meinem Körper, das hört

jetzt auf«, und das Gesicht um die Augen wird rot, Augen zum Boden, und schämen tun sie sich auch, die Augen.

Du, Mensch aus einem Irgendwo neben mir: Ein Geschenk bist du, ein Wendepunkt in meiner Zeitrechnung und ein Anfang gewesen für mich, für irgendetwas Neues.

Ich wünsche mir, dass wir in jedem Irgendwo nebeneinanderstehen, dass wir uns glauben, dass wir echte Fragen stellen und gestellt bekommen, dass sich die Struktur ändert. Weniger Punkte auf dem Muster, ganze Körper, die sich spüren.

inka°witz / Jorien Gradenwitz wurde 1991 in Deutschland geboren. Sie studierte Schauspiel an der Kunstuniversität Graz und ist seither am Theater beschäftigt.

Kerstin Simon

## Ich, larmoyant

1. Wie mir der Hans, der Felix, der Werner, der Schorsch, der Müller und der Wagner in die kleinen Schenkel kneifen und grölen. Ich bin fünf. Ich bin Lisa, Monika, Melanie, Agnes, Iris, Bianca und Ruth.

2. Wie der Bauer mir nachschreit: »Ärsche haben die Weiber. Wie ein Achtzig-Taler-Pferd.« Wie mir klar wird, dass achtzig Taler mal viel Geld waren. Und dass ich zu den Weibern gehöre. Und meine Schwestern auch. Wie aus meiner Schwester nur noch Kotze kommt und ihr eine Levi's in Größe 26/30 um die kleinen Astbeine schlottert und, wenn ich sie ansehe, ich den Totenkopf schon erkennen kann, fast wie beim Opa. Und wie ich dann noch eine Portion Leberwurst auf mein Butterbrot schmiere und mir schwöre, dass ich lange nicht sterben werde. Ich bin zwölf. Ich bin meine Schwestern.

3. Wie mein Vater schreit: »Du bist dick, dumm, faul und gefräßig«, und ich finde gefräßig am schlimmsten, und

abends esse ich mein Leberwurstbrot nur zur Hälfte. Ich bin Diätkönigin, Würgerin, Schlürferin, Schluckerin.

4. Wie die Männer, die auf der Nachbartreppe ein Bier trinken, sagen: »Besser auf dem Fett geschwabbelt als auf den Knochen gerappelt, hahaha.« Und wie ich mich wundere und dann wieder nicht. Ich bin fünfzehn. Ich bin fünfundzwanzig. Ich bin dreißig. Vierzig. Fünfzig.

5. Wie ich bei *Nights in White Satin* versuche, die Hand, die sich auf meine Hüfte legt, ein wenig höher zu schieben, weil mir mein Tänzer leidtut, weil er ja meine Hüfte anfassen muss, weil er mit mir tanzt. Weil, das konnte er vorher nicht wissen. Und wie das nicht gelingt, und wie er dann meine Hüfte streichelt. Und wie ich lautlos an seiner Schulter weine, weil er sich bestimmt jetzt ekeln muss, und das wollte ich nicht. Ich bin eine Tänzerin, ein Tänzer, ein tanzendes Kind.

6. Wie ich einen bösen Brief an die Modedesigner von Ulla Popken schreibe und höflich nachfrage, was zum Teufel Einhörner oder Bärchen aus Flauschgarn in Höhe der Brüste auf einem hellblauen Nachthemd verloren haben. Wie ich keine Antwort bekomme. Wie ich dann den nächsten Katalog aufschlage und zu den Bärchen und den Einhörnern ein gelbes Huhn gekommen ist.

Und wie meine Nachbarin sagt: »Der Brief war auch ziemlich direkt.« Ich bin meine Nachbarin. Meine Bäckersfrau, meine Schneiderin.

7. Wie ich zu früh von der Toilette in das Zimmer komme und der Freund meines Freundes murmelt: »Mit so viel Fett könnte ich nicht ins Bett gehen«, und wie ich verwundert sage: »Aber du bist doch so hässlich«, und wie mein Freund schweigt und später erklärt, dass das sein bester Freund (gewesen) ist, und wie ich erschauere. Ich bin gemein, hinterfotzig, unverfroren.

8. Wie mein Freund (der nächste) nach dem Sex lächelt und sagt: »Mir ist gerade eingefallen, dass du von den dicken Frauen, mit denen ich bisher geschlafen habe, die beste warst.« Wie ich ihn hochkant aus der Wohnung werfe. Nackt, die Klamotten behalte ich. Wie er nackt auf dem Moped davonfährt. Wie alle aus der WG sagen, dass ich mich aber wirklich anstelle, das sei schließlich ein Kompliment. Ich bin impulsiv, empfindsam, wütend. Und etwas amüsiert.

9. Wie der Arzt sagt: »Wir müssen die Eileiterdurchlässigkeit prüfen«, und zwei Helferinnen mir die Beine auseinanderreißen, als sie ein Kontrastmittel durch meine Eileiter schießen, und ich schreie und tobe und sie mich auf die Papierunterlage pressen und der Arzt sagt: »Bei den Dicken ist es immer schwierig.« Wie ich

aus der Praxis nach Hause gehe. Ich bin Patientin, Kundin, Kranke.

10. Wie ich in mein Heimatdorf fahre und dem Schorsch, dem Müller und dem Bauer aufs Grab spucke und wie ich mich dann schnell umdrehe und Frau Müller auf mich zukommt und ich weglaufe. Und wie sie mich dann einholt und fragt: »Du auch?« Ich bin schnell, langsam, ich stolpere oft.

11. Wie ich Lisa, Heike, Monika und den anderen von Me-Too erzähle und sie in ihre Prosecco-Gläser blicken und sagen: »Aber ist das nicht alles übertrieben?« Und wie sie das Thema wechseln, als die Männer kommen. Und wie mir das Nein im Hals stecken bleibt und ich dann den ganzen Tag vor Heiserkeit kein Wort mehr herausbringe. Ich bin Stimme, Stummheit, Stottern.

12. Wie ich auf Instagram vierzehn verschiedenen Plus-Size-Models folge und mir zum ersten Mal im Leben ein Kleid kaufe, das nicht meine ganzen Arme bedeckt. Wie ich mit dem Kleid durch die Stadt laufe und genau weiß, dass kein Arsch sich für meine Arme interessiert, aber ich trotzdem die Stola über die Schultern lege. Ich bin ärmellos, unkleidsam, Scham.

13. Wie ich dem Mann diesen Text vorlese und ihn frage, ob das jetzt wie eine Leidensrede klingt, und er sagt lä-

chelnd: »Na, vielleicht ein bisschen, und warum auch nicht?«, und ich sage: »Na und?«, und er küsst mich und lacht weiter und ich dann auch. Und wie ich dann diese Rede zerreiße oder eben gerade nicht. Wie ich überlege, wie ich ein bisschen Humor oder ein bisschen War-doch-nicht-schlimm in die Rede hineinweben kann, und wie das einfach nicht klappen will und wie ich dann vor dem Text sitze und denke, das können die in der Redaktion sicher gut gebrauchen, die Leidensgeschichte einer Dicken in dreizehn Kapiteln, und wie ich die Rede trotzdem abschicke.

Kerstin Simon, geboren 1964 in Andernach, lebt in Köln. Sie arbeitet als Lehrerin für Deutsch als Fremdsprache und in der Lehrerbildung. Als Systemische Coachin und Psychodrama-Schreibtrainerin arbeitet sie mit den Methoden des Kreativen Schreibens.

Lea Samira Maier

## Ich schlucke nicht mehr, oder: Eine Selbstverpflichtung zum Wütendsein

In der Grundschule besuchte ich alle zwei Wochen eine Logopädin, weil ich Schwierigkeiten damit hatte, den sch-Laut auszusprechen. Ich konnte einfach nicht verstehen, wie die Buchstabenfolge in meinem Mund zusammengefügt werden sollte. Ich wollte Anweisungen, damit ich wusste, was ich mit Kiefer, Zähnen, Zunge und Lippen anstellen sollte, damit ich »scheiße« endlich fluchen konnte, ohne dass sich meine Backen aufplusterten wie ein Kugelfisch oder ich mich halb an meiner Spucke verschluckte, weil meine Zunge einen dreifachen Salto in meinem Mundraum ausführte. Wie sollte ich meinen Kiefer halten? Wie und wann sollte sich meine Zunge wölben? Sollte sie das überhaupt tun, oder sollte sie nach vorne schießen wie ein Pfeil, der melodisch untermalt mit einem »Schhhhh« auf etwas zufliegt?

An meine Zeit bei der Logopädie muss ich zurückdenken, während ich mir auf der A8 Richtung Bamberg in dem blauen Golf meiner Mutter die Seele aus dem Körper schreie: »Hau ab!!!!« Es ist kein Anfall von Verkehrsaggression, der mich da überkommen hat, ich bin dabei zu üben. Ähnlich wie eine Schauspielerin, die ihr Skript einübt, murmle ich ein paar Sätze erst vor mich hin. »Verpiss dich«, »Geh weg«, »Arschloch«, »Fick dich«. Ich spüre die Buchstaben auf meinen Lippen und werde mir der sonst unbewussten Bewegungen meiner Zunge bewusst, um dann laut loszubrüllen.

Was bisher geschah, am Abend zuvor: ein überfüllter Bus nach einem Konzert im Spätsommer, eine Gruppe von vier männlichen Teenagern, die an einer der verglasten Wände bei einer Tür stehen. Ein paar Menschen zwischen uns, an die ich immer wieder stoße, wenn der Bus beschleunigt und abbremst. Die Jungs reden darüber, dass sie die Frau, die mit dem Rücken zu ihnen auf dem Platz hinter der Glaswand sitzt, »so richtig geil finden«. Es geht hin und her, sie heizen sich an, es wird an die Scheibe geklopft, wie im Zoo. Die Frau ignoriert die Stimmen, blendet sie aus. Niemand hat bisher etwas gesagt, um die Teenager zurechtzuweisen. »Boah, sie öffnet Insta, finde mal den Namen raus.« Noch immer beobachte ich sie bloß, gedanklich bin ich zurückgeworfen in meine Kindheit: Ich fühle mich wie damals, als ich in der Schule etwas sagen wollte, aber wusste, dass in dem Satz ein sch-Laut steckt, an dem ich mich verschlucken könnte.

Herz und Atem gleichsam stolpernd. Gedanken und Zunge gleichsam verrenkt. Irgendwas juckt an meinen Stimmbändern, und ich verheddere mich in meiner eigenen Unsicherheit. Und dann kämpft sich ein anderes Gefühl an die Oberfläche, und ich werde sauer, sauer auf diese vier Jungs und sauer auf die ganzen Leute um mich herum, die noch nichts gesagt haben, und die Wut brennt sich einen Weg durch meine Blockaden, und ich spreche, ich spreche, und ich sage: »Lasst das, lasst sie in Ruhe, hört auf, sie zu belästigen, würde sie sich mit euch unterhalten wollen, hätte sie es schon längst getan.« Ich werde von ihnen beleidigt, aber trotzdem halten sie sich die restliche Fahrt zurück und reden nur noch so miteinander, dass ich sie nicht mehr verstehen kann.

Ich habe es geschafft, und für den Blickkontakt, diesen ganz bestimmten Blickkontakt, als sie aussteigt und zurückblickt, war es das wert.

Zurück zur Autofahrt: Ich fahre also und schreie. Ich stelle mir vor, wie mich die Person in dem mir vorausfahrenden Auto im Rückspiegel sieht: wie in einem Comic, die Stirn gefurcht, Speichel, der von meinen Lippen spritzt. Wie früher in der Logopädie versuche ich, Sicherheit in meiner Sprache einzuüben. Und ich versuche bewusst, meine Wut anzutreiben.

Ich möchte verlernen: meinen Ängsten die Überhand zu lassen, still zu bleiben, wenn sich Ungerechtigkeiten abspielen – nicht nur solche, die direkt vor mir passieren, sondern generell.

Ich möchte lernen: meine Stimme zu erheben, Wut zuzulassen.

Mittlerweile, seitdem ich mich täglich mit feministischen Themen auseinandersetze und damit, wie verwoben Frauenfeindlichkeit mit Queerfeindlichkeit, Klassizismus und Rassismus im Patriarchat ist, bin ich ständig wütend. Und ich bin auch wütend darauf, dass mir die Wut so lange verwehrt wurde. Dass ich so viel geschluckt habe – ich habe das ständige Unbehagen runtergeschluckt, das mich seit Kindheitstagen überallhin begleitet, wohin mir auch Blicke und Schritte folgen könnten; ich habe Kommentare geschluckt, habe die Sexismuspralinen brav runtergespült, die mir gefüttert wurden, aus purem Industriezucker, versteckt und ummantelt mit hübsch schimmerndem Einmalplastik: Komplimente, Werbung, »nett gemeinte Tipps«; und ich habe meine eigenen Worte runtergeschluckt, die hochbrodelnde Wut, das Nein.

Mir wurde nicht beigebracht, dass Wut eine Emotion ist, die, wie alle anderen Emotionen, berechtigt und hilfreich sein kann. Als Kind konnte ich wütend werden, ich konnte so wütend sein, dass ich meine Eltern ein paarmal an den Rand der Verzweiflung trieb. Einmal sperrte mich meine Mutter in den Keller, bis ich mich wieder beruhigt hatte. Es war nur das eine Mal, und es war nicht besonders schlimm, aber ich erinnere mich noch so gut daran, weil es für mich ein Sinnbild geworden ist. Ich selbst sperre meine Wut seither auch im Keller ein – dort, wo es dunkel ist und keiner hingeht. Wie soll ich sonst mit ihr umgehen? Das muss so.

Bis vor einigen Jahren brüstete ich mich damit, nie wütend zu werden. Und das Traurige daran ist, dass andere Menschen das tatsächlich als bewundernswert betrachtet haben – ein Mädchen, das nie wütend wird, immer umgänglich und besonnen ist und die Klappe hält ... perfekt. Als sei es ehrenwert, eine Emotion so zu unterdrücken, dass man blind für die vielen Gesichter wird, die sie stattdessen annimmt. Dass sie oft die Maske der Traurigkeit anzieht, sich meistens aber hinter dem Selbsthass verbirgt, der sich weiter davon ernährt, dass kontinuierlich Grenzen überschritten und Bedürfnisse ignoriert werden, und ich – atmen –, ich bin nicht wütend, mir geht es gut, ich bin nur ein wenig traurig, das ist alles.

Ich wusste lange nicht, wie man die Wut auffängt. Wenn sie kam, habe ich die Arme nicht ausgestreckt, ich habe die Fäuste gehoben, um gegen sie anzukämpfen. Und dann hat sie mich plattgemacht. Mittlerweile kann ich sie ein bisschen klarer sehen, die Wut, aber sie bleibt immer noch eine konfuse Emotion für mich. Für andere kann ich beispielsweise wütender werden als für mich selbst. Sogar beim Filmschauen gelingt es besser. Neulich habe ich einen Film geschaut, in dem einer Frau Unrecht getan wurde. Unrecht, das ihr abgesprochen wurde. Und da fing es an, in mir zu brodeln, und ich wollte, dass sie, diese fiktive Frau, etwas unternimmt, dass sie ihre Wut sichtbar macht und mit Flammen eine Grenze zieht. Stattdessen rann ihr eine einzige Träne still und zitternd über ihre perfekte Haut, und ein Teller oder eine Vase – ich weiß nicht mehr, was von beidem, ich habe das Gefühl, ich habe dieses Bild schon viel zu oft gesehen – zerschellte an einer Wand. Es ist völlig gewöhnlich, Männer in Medien zu sehen, die Dinge zerschlagen, Menschen anschreien, mit Sprache und Sein zum Gewaltkörper werden. Die Darstellung von Männern, die sich ihrer Wut hingeben, die ihre Emotionen als Rechtfertigung für Aggressivität und Gewalt nutzen, ist so normalisiert, dass beim Anschauen niemand mit der Wimper zuckt. Weibliche Wut wird dagegen so verniedlicht, so verwaschen dargestellt, dass es unglaubwürdig erscheint, ja fast schon absurd, wenn die Wut einer Frau in Aggression und Gewalttätigkeit umschlägt. Nach der deutschen Kriminalstatistik von 2022 sind in Fällen von häuslicher Gewalt in 71,1 Prozent Frauen betroffen, aber in dem Bericht heißt es auch, dass eine größere Dunkelziffer bei männlicher Gewaltbetroffenheit angenommen wird, da das Anzeigeverhalten von Männern in diesem Bereich schambehaftet sein kann.[1] Was mal wieder ein gutes Beispiel dafür ist, dass das Patriarchat nicht nur sich als Frauen identifizierenden Personen schadet.

Es scheint ironisch, in dem Kontext zu mehr Wut aufzurufen. Ich rufe nicht dazu auf, mehr aus Wut zu handeln. Affektive Handlungen aus der Emotion führen meist zu Aggression. Ich rufe dazu auf, sich mit der Wut auseinanderzusetzen, wenn sie aufkommt. Überhaupt brauchen wir mehr Aufklärung darüber, was das überhaupt für eine Emotion ist, die Wut. Laut Wikipedia gilt sie in den meisten Kulturen als gesellschaftlich nicht akzeptiert. Ich wünsche mir, dass mehr Unterscheidungen gemacht werden. Für mich selbst dient die Wut nämlich mittlerweile vor allem als Signal.

Wut trägt Macht. Wut ist ermächtigend.
   Wut trägt Kraft. Wut trägt Mut.
   Wut kann sagen »Mir wurde Unrecht getan«.

Wenn in der Sozialisierung zur Frau die Wut unterdrückt wird, ist auch das ein Instrument der Unterdrückung durch das Patriarchat. Das Lenken von Wut hingegen kann Handlungsmacht gegen die Ohnmacht geben. Und deshalb möchte ich mir selbst versprechen, die Wut zuzulassen. Ich will ihr folgen, ich will, dass sie mir zeigt, wo es weh tut. Ich will mich von ihr antreiben lassen. Meine Wut darf hässlich und unordentlich sein. Sie darf mich und andere herausfordern. Ich muss sie nicht immer sofort verstehen können, aber ich muss bereit sein, ihr zuzuhören.
   Und ich hoffe, ihr macht das auch.

**Lea Samira Maier**, geboren 1998 in Stuttgart, studiert im Master in Frankfurt. Aktuell schreibt sie an einem Projekt, für welches sie 2023 ein Stipendium der Kunststiftung Baden-Württemberg erhielt.

---

[1] https://www.bmi.bund.de/SharedDocs/downloads/DE/veroeffentlichungen/2023/lagebild-HG.pdf?__blob=publicationFile&v=3; Letzter Abruf: 5. 11. 2023.

Luca Tamara Yaa Amponsah

# Von der Diktatur der Kahlrasur und anderen Begleiterscheinungen des Sommers

Ich möchte meine Rede mit einigen ungehalten-intimen Fragen beginnen: An welchen Stellen Deines Körpers entfernst Du Haare? Wie viel Zeit nimmt Enthaarung in Deinem Alltag ein? Wie viel kostet sie Dich? Hast Du Dir schon mal überlegt, was Du mit der Zeit und dem Geld sonst tun könntest? So wie es Menschen tun, die aufhören wollen zu rauchen. Und: Überlegst Du Dir manchmal, aufzuhören? Vermutlich kennen wir uns noch nicht gut genug, um uns ungehemmt über dieses Thema auszutauschen. Ich möchte das Eis brechen, indem ich Dir von mir erzähle.

Es war eines dieser raren Berliner Sommerwochenenden über dreißig Grad. Leicht verkatert und mit zu wenig Schlaf, aber durch und durch gut gelaunt begann ich den Tag. Das Wetter machte meiner To-do-Liste einen nonchalanten Strich durch die Rechnung: spontane Vorfahrt für den Tag am See!

Oder?

Nun, wenn das so einfach wäre, gäbe es für mich keinen Grund, eine solche Rede zu schreiben. Denn da war diese Erscheinung aus der Gilette-Werbung, die *so* zauberhaft lächelnd auf mich zusteuerte, dass sie mir gar nichts Gutes wollen konnte. Mit einer Stimme, so weich und makellos wie ihre Beine, säuselte die Frau etwas von »göttlich glatter Haut« für einen »atemberaubenden Auftritt«. Und ich? In akrobatischen Verrenkungen inspizierte ich meinen Körper vor dem Badezimmerspiegel. Ich war behaarter, als es feministisch-progressive Instagram-Posts zum Besten geben. Spontan an den See fahren, einfach so? Die Frau aus der Gilette-Werbung verschränkte die Arme vor der Brust, runzelte die Stirn, schüttelte den Kopf und holte mich zurück auf den Boden der Diktatur der Kahlrasur. Plötzlich fühlte ich mich ungepflegt, unsexy, meine Körperbehaarung kam mir vor wie eine Zumutung für andere. Dabei wollte ich gar nicht göttlich glatt und atemberaubend sein. Begehrenswert vielleicht, lässig schön irgendwie, aber nicht zu auffällig. Und schon gar nicht aufgrund meiner Körperbehaarung.

Mit Holzspachtel, Warmwachs und Textilstreifen rupfte ich also unterhalb meines Bauchnabels, in der Bikinizone, am Po und an der Rückseite meiner Oberschenkel die meines Erachtens unzumutbarsten Körperhaare weg. Um pünktlich zur Verabredung mit meiner Freundin zu sein, hätte ich mich bereits auf den Weg machen müssen. Es war dreizehn Uhr, die Rückseite meines rechten Oberschenkels war enthaart, die des linken nicht. So konnte ich auf keinen Fall gehen! Es war dreizehn Uhr, und ich war wütend. Ich war wütend auf den aus der binären Geschlechterordnung resultierenden Enthaarungsimperativ für Frauen und auf die Firmen, die daraus Profit schlugen. Wütend auf jene Menschen (um nicht Männer zu sagen), die ohne Verrenkungen bereits seit elf Uhr und mit 8,95 Euro mehr in der Tasche als ich (der Preis für eine Packung taugliches Warmwachs) die Seele am See baumeln ließen. Und ich war wütend auf die Frau aus der Gilette-Werbung, die ich nicht nach ihrer Meinung gefragt hatte. Einfach so hatte sie mir die spontane Vorfahrt genommen.

Oder hatte ich sie mir nehmen lassen?

Natürlich hätte ich das alles schon unzählige Male sein lassen können, hätte mir die Zeit, das Geld und die klebrige Angelegenheit sparen können. Ich hätte länger schlafen, mehr lesen oder einfach früher an den See fahren können. Ja, ich war wütend auf das System. Vor allem jedoch war ich auch wütend auf mich selbst – auf meine konformistische Anpassung, meine feministische Schwachstelle und meine klammheimliche Komplizinnenschaft mit der Diktatur der Kahlrasur hinter verschlossener Badezimmertür. Ich hatte meine Gründe. Denn auch im vergleichsweise sichtbar postmigrantisch-bunten Berlin bin ich musternden Blicken als Schwarze Frau ohnehin ausgesetzt. Und sosehr ich es auch gewohnt bin, so müde bin ich davon. Deshalb bevorzuge ich es, nicht mehr Aufmerksamkeit als nötig auf mich zu ziehen. Überdurchschnittlich behaart funktioniert das jedoch nicht. Das Dilemma lautet folglich: enthaart oder angestarrt. Eine der beiden Lasten scheine ich schultern zu müssen.

Oder?

Für meine Schienbeine und Achseln reichten Zeit und Wachs so oder so nicht mehr. Ich stieg also – full disclosure – gewachst bis auf besagte Körperteile mit meiner Freundin in die S-Bahn. Ein nicht unbeachtlicher Teil meiner Aufmerksamkeit gilt in der Öffentlichkeit stets reflexartig, wenn nicht zwanghaft der Kontrolle meiner Umgebung. Wer schaut komisch? Wer schaut wiederholt? Wie viele Menschen befinden sich in meiner unmittelbaren Umgebung, die ich im Falle eines sexistischen und / oder rassistischen Übergriffs gegen mich ansprechen oder die ich im Falle eines solchen gegen sie unterstützen kann? Warum das so ist, ist jedoch Stoff für eine weitere ungehaltene Rede. Und so wie ich versuche, meine Umgebung zu kontrollieren, so kontrolliere ich in der Öffentlichkeit auch mich selbst. Welche meiner freigelegten Körperteile behaart und sichtbar für andere sein könnten, ist mir stets mehr als bewusst. Rückblickend bin ich deshalb von mir selbst überrascht, wenn ich daran denke, wie ich in der S-Bahn meinen Arm hob, um meinen Kopf zu massieren, und somit beiläufig meine behaarte Achselhöhle exponierte.

Wie ein plötzliches Sommergewitter brach der Übergriff an diesem Sonntag über mich herein. Eine Frau, die sich mit ihrer Familie, einem Mann circa über fünfzig und einem Jungen zwischen zehn und fünfzehn Jahren, im Türbereich nicht weit von uns befand, starrte mich wiederholt an. Glaubte ich. Denn es handelte sich um einen jener kritischen Momente, in denen uneindeutig ist, ob man mit einer Vermutung richtig liegt oder sich doch irrt. Starrte die Frau tatsächlich wiederholt mich an? Ab wann wird Starren zur Belästigung? Und wieso starrte sie *überhaupt*? Ich blickte zurück, ebenfalls wiederholt. In der Regel hörten die Leute dann irgendwann auf zu starren, leicht peinlich berührt. Sie nicht. Enthaart oder angestarrt? Genug. Ich stand auf, ging auf die Frau zu und fragte sie, ob sie eine Frage hätte, da sie mich wiederholt angeschaut hatte. Vehement stritt sie dies ab. Der ältere Mann drehte sich abrupt zu mir um und kam mir für meinen Geschmack etwas zu nah. »Man darf ja wohl noch hingucken, wo man will!«, sagte er, eine halb gerauchte Zigarette hinter dem Ohr, und warf ein »Was die sich einbildet, so schön ist sie jetzt auch wieder nicht« hinterher, bevor er sich wegdrehte. Sprachlos von der defensiv-aggressiven Reaktion der beiden setzte ich mich wieder. Meine Freundin streichelte meinen Rücken. Immerhin hatte ich mich gewehrt, dachte ich, und begann, mich mit dem Gedanken anzufreunden, mir das alles eventuell doch nur eingebildet zu haben. Die Interaktion hätte hier beendet sein können. Doch just in diesem Moment entlarvte die Frau ihr Verhalten selbst. »Na, ist doch kein Wunder, dass man da hinguckt, bei so einem Busch unter den Armen«, und: »Die soll sich mal rasieren«, wetterte sie. »Hast du den Busch gesehen? Ekelhaft. Da kriegt man ja Augenkrebs, wenn man zu lange hinschaut«, sagte sie zu ihrem Sohn. Ein paar Köpfe drehten sich zu uns um, niemand sagte etwas. Wie sich das anfühlte? Entwürdigend, demütigend. Aber zu surreal, zu krass, um an Ort und Stelle in Tränen auszubrechen. Ich zitterte. An der nächsten Station wechselten wir den Waggon.

Ich habe viel über die Frau nachgedacht. Was bleibt einem nach einer solchen Begegnung außer der sinnstiftenden Kraft der Imagination? Ich frage mich, warum es sie an diesem Nachmittag über dreißig Grad in die S-Bahn verschlug. Ich frage mich, wer oder was sie so verletzt hatte, dass sie *mich* aufgrund meiner Körperbehaarung angreifen musste. Hat sie gelernt, Körperbehaarung immer nur als Schambehaarung zu betrachten? Für ihren Geschmack muss ich wohl zu *unverschämt* behaart gewesen sein. Welches Gefühl blieb nach unserer Begegnung in ihr zurück? Hass? Ekel? Reue? Was hat die Situation mit ihrem Sohn gemacht?

Ich glaube, die Frau und ich haben mehr gemeinsam, als auf den ersten Blick erkennbar ist. Vielleicht geht der Sommer für uns beide mit belastenden Begleiterscheinungen einher. Vielleicht haben wir beide auf die eine oder andere Weise mit der Frau aus der Gilette-Werbung, der Personifikation der Diktatur der Kahlrasur, zu kämpfen. Mir scheint, uns verbindet ein latentes Gefühl der Unzulänglichkeit. Vielleicht klebt es an uns beiden wie Warmwachs, dieses kategorische Nicht-Genug, das Resultat unserer Positionen in einer kapitalistisch-patriarchalen Gesellschaft.

Und doch bin ich nicht nur eine Frau, die sich nicht für ihre Achselhaare schämt. Ich bin eine Schwarze Frau, die lernt, sich nicht für ihre Körperbehaarung zu schämen. Eine Schwarze Frau, die verlernt, sich zu schämen. Dass eine *weiße* Frau mich aufgrund meiner Körperbehaarung verbal angreift, veranschaulicht, wie komplex die Auswirkungen internalisierter Diskriminierungsformen sind. Dass Sexismus zugleich immer in Intersektion mit Rassismus und anderen Diskriminierungsformen wirkt, mit mitunter kulturell verankerten, kolonialrassistischen Definitionen von Reinheit, Gepflegtheit und Schönheit, ist kein Geheimnis.

Am See habe ich geweint, geatmet, unter Wasser geschrien. Ich habe die Worte der Frau von meinem Körper gewaschen und erste Ideen für diese Rede gesammelt. Aber nicht immer tauche ich nach Diskriminierungserfahrungen so selbstermächtigt auf. Was ich mit dieser Rede bezwecken möchte? Vielleicht habe ich einen Teil des Eises gebrochen, das am Anfang zwischen uns lag. Vielleicht fahre ich nächsten Sommer *unverschämt spontan* an den See. Vielleicht trauen sich auch andere Frauen, das Schämen immer mehr zu verlernen. Niemand sonst wird es für uns tun. Vielleicht drei, vielleicht eine. Morgen, in einem Jahr, irgendwann.

**Luca Tamara Yaa Amponsah**, geboren 1999 in Freiburg, lebt heute in Berlin. Luca beschäftigen materielle und immaterielle Grenzen, vor allem da, wo sie bröckeln. In ihrer künstlerischen Arbeit reflektiert sie, wie aus porösen Grenzen und Ideen neue Formen des Zwischenmenschlichen gestaltet werden können.

Anne Sicking

## »Das wirst du doch nie wieder los«

Niemand, dem ich von meiner Sprunggelenkfraktur mit anschließender OP erzähle, würde mir mit dem Satz antworten »Das wirst du doch nie wieder los!«. Niemand käme auf die Idee, dass ich die Verletzung wieder ungeschehen machen soll; die Metallschiene, die jetzt für immer in meinem Fuß steckt, wieder loswerde oder die Narbe, die deutlich sichtbar auf meiner Haut ist. Niemand würde denken, dass ich das alles wieder loswerden könnte, und niemand würde mir je das Gefühl geben, dass ich es wieder loswerden sollte.

Aber wenn ich denselben Leuten erzähle, dass ich vergewaltigt worden bin, ist die Antwort, die mir oft als Erstes entgegenschlägt: »Das wirst du ja nie wieder los!« Ganz so, als ob ich das mit der Vergewaltigung wieder loswerden müsste – und zwar schnellstens!

*Damit muss jetzt Schluss sein! Genau damit!*
Einerseits sind sich alle einig, dass vergewaltigte Frauen keine Schuld trifft an dem, was ihnen widerfahren ist. An-

dererseits wird aber erwartet, »DAS« wieder loszuwerden. Als sei es ein Makel, MEIN Makel, den es – wenn man ihn schon nicht »loswerden« kann – zu verstecken gilt.

Und so habe ich auch die letzten dreißig Jahre gelebt, als ob es MEIN Makel ist. Ich habe mich dafür geschämt und es vertuscht und nur ganz, ganz, ganz guten Freundinnen und Freunden davon erzählt, bei denen ich mir sicher war, dass sie mich nicht verurteilen. Bei denen ich mir sicher war, dass sie mich **nicht** ab jetzt nur noch als Opfer betrachten und mich nicht mehr ernst nehmen.

Die Erinnerung an meinen ersten Kuss, den wunderschönen Radurlaub in der Provence letztes Jahr oder die total verregneten Ferien, als ich zehn war, werde ich auch nie wieder los. Dafür müsste ich schon heftigst Alzheimer kriegen.

Und genauso wenig werde ich die Erinnerung an meine Vergewaltigung wieder los oder an die Hölle danach, durch die ich ging, und wie ich mich zurück ins Leben kämpfte. In MEIN Leben, in dem von einem Moment auf den anderen nichts mehr so war wie vorher. Rechts war auf einmal links, oben war unten, und keine Emotion passte mehr an den Platz, an den sie gehörte. Und ich steckte auf einmal in einem Körper, der sich nicht mehr wie meiner anfühlte. Ich hatte ein handfestes posttraumatisches Belastungssyndrom. Dabei kannte ich diesen Begriff damals nicht einmal. Und während der ganzen Zeit tat ich alles dafür, damit niemand etwas bemerkt.

»Die Zeit heilt alle Wunden«, heißt es.

Das stimmt vielleicht bei einem kleinen Kratzer, der heilt von alleine. Und wenn ich mir in den Finger schneide, reicht es vielleicht auch aus, wenn ein Freund meine Hand verbindet, und es wird wieder gut. Aber wenn ich einen offenen Bruch habe, müssen die Profis ran. Das verheilt nicht von alleine, wenn man nur lange genug wartet.

Und eine Vergewaltigung ist ein offener Bruch in der Persönlichkeit. Das ist eine sehr schwere Verletzung, um die ich mich immer mal wieder kümmern muss. Genau wie bei einer schweren Sportverletzung. Um die muss man sich auch ein Leben lang kümmern. Mal mehr, mal weniger, dann eine Zeitlang gar nicht und dann wieder sehr intensiv.

*In Deutschland erlebt jede zweite Frau einen sexuellen Übergriff.*
*Jede siebte Frau in Deutschland hat schon einmal oder mehrfach in ihrem Leben sexualisierte Gewalt erlebt.*

Und dabei ist die Dunkelziffer noch viel höher.

Wenn Sie das auf Ihren Freundes- und Bekanntenkreis übertragen, wenn Sie da mal im Stillen bis sieben durchzählen, was denken Sie dann? »Das kann doch gar nicht sein? Die sehen doch alle so normal aus?«

Und Sie wollen den Zahlen nicht glauben, weil in Film und Fernsehen missbrauchte Frauen stets als gebrochene Wesen gezeigt werden, die die ein oder andere Sucht entwickelt haben, sich sozial auffällig benehmen und die nach ihrer Gewalterfahrung für den Rest ihres Lebens nichts mehr auf die Reihe kriegen. Gezeichnet von dem Horror, den sie »nie wieder losgeworden sind«.

Wenn das wahr wäre, dass Frauen nach einem sexuellen Übergriff nie wieder ein echtes Leben führen könnten, nie mehr etwas zur Gemeinschaft beitragen könnten, wenn also jede siebte Frau mit ihrem Beitrag für die Gesellschaft aufgrund ihrer Traumatisierung wegfallen würde, dann – wage ich zu behaupten – bräche unsere Wirtschaft schlagartig zusammen.

Es muss aufhören, dass missbrauchte Frauen zu hilflosen Opfern stilisiert und in die Fiktion abgeschoben werden. Leider gibt es tatsächlich so schwer traumatisierte Frauen, wie sie in Film und Fernsehen dargestellt werden. Aber viel häufiger gibt es Frauen, denen man die Vergewaltigung nicht von weitem ansieht. **Dunkelziffern entstehen dadurch, dass niemand etwas merkt.** Es wird höchste Zeit, dass diese Tatsache Einzug ins Bewusstsein hält. Es muss aufhören, dass wir in die Fiktion abgeschoben werden, noch immer ins Tabu! Uns gibt es wirklich. Nicht nur im Film.

Bitte korrigieren Sie das Bild von der ewig gebrochenen Frau und machen Sie sich klar, wie oft Übergriffe wirklich stattfinden! Nicht, damit Vergewaltigungen »normal« und salonfähig werden, sondern damit endlich ein Bewusstsein für die tatsächliche Häufigkeit entsteht.

Es muss aufhören, uns in den Schatten abzuschieben, in die Vertuschung zu verdrängen, uns zum Schweigen zu verdammen. Oder eine vergewaltigte Frau so überzogen darzustellen, dass sie nur selten etwas mit der Realität zu tun hat. Die Realität sieht anders aus. Wie »Realität« eben.
Vergewaltigte Frauen stehen mit Ihnen in der Schlange an der Kasse, sie singen mit Ihnen im Chor, sie sind mit Ihnen verwandt, sie wohnen in Ihrer Nachbarschaft, und sie sitzen Ihnen am Arbeitsplatz gegenüber.

Es wird Zeit, dass wir **wirklich** gesehen werden.
Es wird Zeit, dass es uns leichter gemacht wird, darüber zu reden.
Es wird Zeit, dass es den Tätern schwerer gemacht wird, mit der Tat davonzukommen.

Dreißig Jahre ist diese Erfahrung her, und die meiste Zeit davon habe ich mich dafür geschämt. Eine Erfahrung, um die ich nie gebeten hatte, die mir aufgezwungen wurde und die mir viel Leid gebracht hat.
  Aber es ist MEINE Erfahrung, und ab und zu muss ich mich wieder um sie kümmern. Genauso, wie ich mich um meine Sprunggelenkverletzung kümmere. Da käme ja auch keiner auf die Idee, mir vorzuschlagen, meinen Fuß zu amputieren, nur weil er wieder weh tut. Und ich brauche ihn auch noch, um mit beiden Beinen im Leben zu stehen.
  Ganz genauso brauche ich alle meine Erfahrungen, die schönen wie die grausamen, um mich wirklich fühlen zu

können. Wie sonst könnte ich ganz sein, wenn ich nicht AL-LES von mir umarme? Da gibt es nichts »loszuwerden«, nur damit sich mein Gegenüber besser fühlt.

Wenn mir dieser Lebensabschnitt genommen würde, hätte das eine viel tiefgreifendere Verunsicherung zur Folge als die Vergewaltigung selbst.

Da gibt es nichts »*loszuwerden*«.
Denn da gibt es nichts mehr, wofür ich mich schäme.
Und in einer Gesellschaft, die es wirklich ernst meint mit der Gleichberechtigung der Frauen, der Augenhöhe und dem Recht auf ein »NEIN«, muss ich mich nicht schämen.

**Anne Sicking**, geboren 1969 in Dorsten, gelernte Zahntechnikerin, danach Studienassistentin. Sie arbeitet als Projektassistentin bei einer Herstellungsfirma für Nukleinsäuren und ist nebenbei Heilerin.

Susanna Ohlsen

## Ahnungslos:Sprachlos

Plädoyer für eine Kultur, in der das Sprechen über Grenzverletzungen im Kontext sexualisierter Gewalt gegen Kinder und Jugendliche normal ist

Sehr geehrte Damen und Herren,

- wir können davon ausgehen, dass ein bis zwei Kinder pro Schulklasse in Deutschland von sexualisierter Gewalt betroffen sind.

- Die Pädokriminellen-Plattform »Boystown«, deren Server 2021 abgeschaltet worden sind, hatte über 400 000 Mitglieder. Eine besonders gefragte Kategorie in der Darknet-Tauschbörse: »Kindergarten«.

- Knapp ein Viertel aller Kinder und Jugendlichen wurden laut einer Umfrage online von Erwachsenen zu einer Verabredung aufgefordert.[1]

Das sind ein paar Beispiele, die zeigen, dass es offenkundig Interessentenkreise gibt, die es sich zur Aufgabe gemacht haben, Kinder und Jugendliche off- wie online sexuell zu belästigen, zu bedrängen und zu missbrauchen. Und das ist allgemein bekannt. Ich frage – wo sind die Interessentenkreise außerhalb der Täterkreise in unseren privaten Umfeldern, die es sich zur Aufgabe gemacht haben, dem etwas entgegenzusetzen? Zum Beispiel, indem wir Kinder und Jugendliche über sexualisierte Gewalt aufklären und darüber sprechen?

Ich bin überzeugt davon, dass wir Erwachsenen in der Pflicht stehen, Kinder und Jugendliche als Akt der Prävention über sexualisierte Gewalt aufzuklären. Ich bin überzeugt davon, dass wir eine Kultur erarbeiten müssen, in der das Sprechen über Grenzverletzungen im Kontext sexualisierter Gewalt gegen Kinder und Jugendliche normal ist.

Und ich bin der Meinung, dass wir uns darüber informieren müssen, *wie* wir sie aufklären können. Denn klar ist: Kinder und Jugendliche können sich nicht alleine schützen. Wir aber haben die Möglichkeit, einen Beitrag dazu zu leisten, diese Art von Taten gegenüber Kindern und Jugendlichen durch Vermittlung von Wissen und Aufklärung (zu versuchen) zu verringern.

Ich bin selbst Mutter. Im Gespräch zwischen Erwachsenen – Eltern – erlebe ich ein buntes Potpourri an Themen, über die sich ausgetauscht wird. Wir regen uns über Verfehlungen der Kindertagesstätten auf, geben uns Tipps, wo es schöne Kinderkleidung zu kaufen gibt und wo der beste Spielplatz im Ort ist. Alles auch wichtige Themen. Doch bislang habe ich, zumindest in meinem Umfeld, nicht mitbekommen, dass Eltern darüber sprechen, dass und vor allem wie man Kinder über sexualisierte Gewalt aufklären kann. Aber wenn nicht wir in erster Instanz mit Kindern und Jugendlichen darüber sprechen – wer tut es dann?

Wir müssen unsere Sprachlosigkeit hinter uns lassen. Auch wenn es schwierig ist, auch wenn wir unsicher sind, auch wenn es weh tut.

Unsere Sprachlosigkeit, unsere Ahnungslosigkeit führen dazu, dass sexualisierte Gewalt ein Mythos bleibt, ein Tabu. Worüber man nicht spricht, was man nicht benennt und beschreibt, wird nicht vorstellbar.
Spinnen wir den Gedanken weiter ... dann gibt es das gar nicht, oder doch? Wir müssen entmystifizieren. Enttabuisieren.

Wir müssen uns Kompetenzen und Wissen zu sexualisierter Gewalt und zur Aufklärung darüber aneignen. Wir können Fachbücher und Blogs lesen, Vorträge besuchen, uns in WhatsApp-Gruppen austauschen, Experteninterviews lesen oder uns beraten lassen, wir müssen uns bilden. Das geht zum Beispiel mit Hilfe von Informationen und Infoheften auf der Onlinepräsenz des Amtes der Unabhängigen Beauftragten für Fragen des sexuellen Kindesmissbrauchs.

Mit diesem Appell meine ich nicht, dass wir Kindern und Jugendlichen Tag für Tag am Frühstückstisch Angst einjagen sollen. Aber wir können versuchen, das Sprechen über diese potenziellen Bedrohungen ganz normal auch mal in den Alltag einzubauen, so wie wir es ja letztlich auch mit dem scharfkantigen Küchenmesser tun.

Wir sind es ja, die unsere Kinder prägen, erziehen. Kinder und Jugendliche sollen wissen, dass es bei sexualisierter Gewalt nicht um Sex – oder gar Nähe oder Liebe – geht, sondern um Gewalt, die über Sexuelles ausgeübt wird. Wir bringen unseren Kindern bei, freundlich zu sein, respektvoll und höflich, vielleicht manchmal einfach angepasst zu sein. Aber wir müssen ihnen auch erklären, wann es notwendig sein kann, unbequem zu sein, Grenzen formulieren zu können, indem wir selbst über diese unbequemen Dinge den Mund aufmachen. Und zwar, damit – hier nehme ich Bezug zu Agota Lavoyer, der Schweizer Expertin für sexualisierte Gewalt und Opferberatung – »*Kinder und Jugendliche überhaupt eine Chance haben, Übergriffe erkennen zu können*«.

Allein der Ansatz, diese Themen besprechbar zu machen, ist ein Akt der Prävention. Wir sagen: Im Falle der Fälle bin ich dein Ansprechpartner. Für die Entwicklung von Kindern ist es also essenziell, dass sie früh lernen, ihre

Grenzen zu kommunizieren, und ein Bewusstsein für sie entwickeln können. Ebenso essenziell ist es aber auch, dass wir Erwachsenen lernen, die kommunizierten Grenzen zu respektieren. Manchmal passiert es, dass wir diese, oftmals unbewusst, übergehen. Doch auch ein ausgesprochenes »Nein« beim Kitzelspiel ist ein Nein. Respektieren wir das Gesagte nicht, lernt das Kind, dass es keinen Unterschied macht, ob und was es sagt.

Mir als Mutter bereitet der Gedanke, mein Kind über sexualisierte Gewalt aufzuklären, durchaus Unbehagen. Auch weil ich noch nicht »geübt« darin bin. Den ersten Schritt habe ich getan, mich informiert, wie und wann ein erstes Anreißen dieses Themas angebracht wäre. Und ja, noch habe ich nicht alle Antworten.

Was ich mir wünsche: Lasst uns gemeinsam das Umfeld für potenzielle Tatpersonen maximal unbequem machen. Die meisten Übergriffe finden innerhalb des familiären Umfeldes statt oder im sozialen Nahraum. Deshalb ist unser privates Umfeld der Ort, an dem wir mit der Prävention ansetzen müssen.

Lasst uns Kindern und Jugendlichen die richtigen Worte (mit)geben, indem wir nicht unter den Teppich kehren. Deshalb: Wenn wir Angst machen, dann den Tatpersonen. Hier zitiere ich noch mal Agota Lavoyer: *»Nichts ist für potenzielle Tatpersonen abschreckender als ein Umfeld, in dem* *offen über Grenzen, Grenzverletzungen und sexualisierte Übergriffe gesprochen wird.«*

Wenn wir nicht lernen, darüber zu sprechen, bleiben wir sprachlos, wir bleiben ahnungslos. Kinder und Jugendliche bleiben ahnungslos und im Worst Case sprachlos. Lasst uns diesen Schritt gehen, ahnungsvoll und sprachvoll aus unserem privaten Umfeld heraus agieren – für starke Kinder und starke Jugendliche. Lasst uns durch Sprechen das tun, was möglich ist, lasst uns etwas entgegensetzen: Let's talk about what is.

Susanna Ohlsen, 1988 geboren in Żory / Polen, studierte Inszenierung der Künste und Medien. Sie arbeitet als Creative Producerin und Projektmanagerin, schreibt Lyrik und malt abstrakte Acrylbilder.

---

1 https://www.praeventionstag.de/nano.cms/news/details/5738; letzter Abruf 20. 07. 2023

Katharina Linnepe

## Ich bin nicht schuld

Ich bin nicht schuld daran, dass du dir deiner Privilegien nicht bewusst bist, und ich bin es dir nicht schuldig, sie dir zu lassen.

Ich bin nicht schuld daran, dass deine Deutungshoheit schwindet, und ich bin es dir nicht schuldig, mir noch einmal von dir die Welt erklären zu lassen.

Ich bin nicht schuld daran, dass du dich schlecht fühlst, wenn ich dir erkläre, was Frauen unter dir tagtäglich ertragen, und ich bin es dir nicht schuldig, dich dafür auch noch zu trösten.

Ich bin nicht schuld am Gender-Pay-, Gender-Care-, Gender-Pension-, Gender-Health-, Gender-Sleep-, Gender-Orgasm-, Gender-Whatsoever-Gap, und ich bin es dir nicht schuldig zu glauben, dass an alldem nur mein Mindset schuld sei.

Ich bin nicht schuld daran, dass du Gendern als Vergewaltigung der Sprache bezeichnest, und ich bin es dir nicht schuldig, deinem Oberstudienratsposten zu huldigen, wenn du es wagst, die Gräuel einer Vergewaltigung für dein sprachliches Missempfinden zu missbrauchen.

Ich bin nicht schuld daran, dass du das Wort Ehefrau mit Besitz verwechselst, und ich bin es dir nicht schuldig, deinen Nachnamen zu tragen.

Ich bin nicht schuld daran, dass du meine Ex-Partner als Vorbesitzer ansiehst, und ich bin es dir nicht schuldig, für dich den Namen meines Ex-Mannes abzulegen.

Ich bin nicht schuld daran, dass du mich mit einem Hund verwechselst, der auf dein Pfeifen reagiert, und ich bin es dir nicht schuldig, doch einmal zu lächeln.

Ich bin nicht schuld daran, wenn dir mein Ausschnitt zu tief, mein Rock zu kurz und mein Blick in deine Richtung zu lang waren, und ich bin dir nichts und rein gar nichts schuldig für deine Entscheidung, dass mein Drink auf dich geht.

Ich bin nicht schuld daran, dass du erst eine Tochter, eine Schwester, eine Mutter brauchst, der das auch hätte passieren können, um ein Mindestmaß an Mitgefühl zu verspüren, und ich bin es dir nicht schuldig, die Unschuldsvermutung gelten zu lassen.

Ich bin nicht schuld daran, dass mein sicherer Gang dich verunsichert, und ich bin es dir nicht schuldig, in unbequemen Schuhen kleine Schritte hinter dir zu machen.

Ich bin nicht schuld daran, wenn ich dich überrage, und ich bin es dir nicht schuldig, deshalb auf High Heels zu verzichten.

Ich bin nicht schuld daran, dass du kein Blut sehen kannst, und ich bin es dir nicht schuldig, meine Regel diskret zu behandeln.

Ich bin nicht schuld daran, dass du Körperbehaarung an

Frauen eklig findest, und ich bin dir kein Brazilian Waxing schuldig.

Ich bin nicht schuld an deiner Vorstellung, dass eine Frau in Würde altern sollte, und ich bin es dir nicht schuldig, meine vom Stillen deines Kindes ausgeleierten Brüste hängen zu lassen.

Ich bin nicht schuld daran, dass deine Vorstellung meines Unterleibs schambehaftet ist, und ich bin es dir nicht schuldig, meine Schamlippen nach dem Vorbild deiner Pornophantasien chirurgisch optimieren zu lassen.

Ich bin nicht schuld an deinem Größenwahn zu glauben, an deinem Samen würde die Welt genesen, und ich bin es dir nicht schuldig, das Kreuz der Mutterschaft zu tragen.

Ich bin nicht schuld an deinem Bild der unschuldigen Frau, und ich bin es dir nicht schuldig, monogam zu leben.

Ich bin nicht schuld daran, dass du dich im Büro und im Bett an deiner Performance misst, und ich bin es dir nicht schuldig, deshalb einen vaginalen Orgasmus vorzutäuschen.

Ich bin nicht schuld daran, dass Erfolg für dich männlich ist, und ich bin es dir nicht schuldig, fleißig zu sein.

Ich bin nicht schuld daran, dass du Kommentarspalten in sozialen Netzwerken für das Postfach deiner Frauenfeindlichkeit hältst, und ich bin es dir nicht schuldig, deshalb das Wort Vulva aus meinem Content zu streichen.

Ich bin nicht schuld daran, dass für dich alle Feministinnen gleich sind, und ich bin es dir nicht schuldig, deswegen gemeinsam mit dir transfeindlich zu sein.

Ich bin nicht schuld daran, dass du feministische Außenpolitik für Gedöns hältst, und ich bin es dir nicht schuldig, dein populistisches Silberrückentrommeln als zeitgemäße Staatsführung ernst zu nehmen.

Ich bin nicht schuld an deiner narzisstischen Kränkung, kein neues Leben gebären zu können, und ich bin es dir nicht schuldig, dir im Ausgleich die Weltherrschaft zu überlassen.

Ich bin nicht schuld daran, dass du dich durch meine Reden angegriffen fühlst, und ich bin es dir nicht schuldig, mich unterbrechen zu lassen.

Ich bin meiner Mutter, meiner Großmutter, meiner Urgroßmutter schuldig, die Erzählung der leidensfähigen Frau zu beenden.

Ich bin es mir schuldig, trotz aller Hürden, Abhängigkeiten, Glaubenssätze alles, was ich für ein erfülltes Leben brauche, zu verlangen – und nicht weniger.

Ich bin es meinen und deinen Kindern schuldig, nicht dich zu hassen, sondern das Patriarchat jeden Tag aufs Neue zu vernichten.

Katharina Linnepe, geboren 1983 in Würzburg und aufgewachsen in Osthessen, studierte Politikwissenschaft, Soziologie und Philosophie. Sie ist als Moderatorin, Podcasterin und feministische Comedienne tätig. Aktuell arbeitet sie an ihrem ersten Sachbuch.

Marion Otto

## Wenn die Mütter streiken würden

Das ist keine intellektuelle, sprachlich ausgefeilte Rede. Das ist die Rede einer Frau, die aktuell so platt ist wie das norddeutsche Tiefland. Ich stemme unbezahlte Sorgearbeit für drei Kinder und meine pflegebedürftige Mutter neben dem Beruf und fühle mich jeden Abend, als hätte ich einen Triathlon hinter mir. Und ich frage mich dann schon mal, was passieren würde:

### Wenn die Mütter streiken würden
*Unbezahlte Sorgearbeit*

Stellt euch vor, es gäbe eine Müttergewerkschaft. Und diese Müttergewerkschaft riefe einen Streik aus.
Unvorstellbar! Unerhört! Mütter streiken doch nicht!
Aber ich würde vielleicht mitmachen.
»Mütter! Lasst uns zusammenstehen, für eine Gesellschaft, die uns gibt, was wir brauchen – nicht den Rest!«, würde auf meinem Protest-T-Shirt stehen.
Wenn die Mütter streiken würden, würde meine Jüngste bestimmt im Schlafanzug in der Schule aufschlagen.

Vielleicht mit Fahrradhelm, aber natürlich ohne Pausenbrot und Sportbeutel.

Der Wäscheberg wäre nach einer Woche so hoch wie der Mount Everest.

Müslischalen und Chipsreste in den Kinderzimmern würden Bakterienkolonien eine neue Heimat bieten.

Die armen Katzen wären auf Diät.

Und meine an Demenz erkrankte Mutter hätte keinen Anker mehr in einer Welt, die sie immer weniger versteht.

Sorgearbeit ist geheimnisvoll wie Neutrinos[1]. Nach außen hin ist sie oft unsichtbar. Schwer zu messen und unbezahlt.

Dennoch hält diese Arbeit unsere Gesellschaft zusammen und am Laufen.

Und deshalb ist es wichtig, darüber zu sprechen.

Hier sind meine sechs Thesen zum Thema Sorgearbeit und überlastete Mütter.

Thesen sollte man als ordentliche Hausfrau vermutlich an Kirchentüren nageln. Ich lege sie hier dar:

*1. These: Gleichberechtigung braucht eine gerechte Aufteilung der Sorgearbeit*
Ich weiß, es ist uncool, über Hausarbeit zu stöhnen.

Aber was die Gesellschaft von uns erwartet, sieht ja so aus:

Alle haben saubere Wohnungen und gepflegte Gärten, die Insta-taugliche Familie mit hübsch gekleideten Kindern und der rüstigen Oma sitzt vor einem aufwendigen Essen, nachdem wir tagsüber im Businesskleid Karriere gemacht haben.

Das bisschen Hausarbeit macht die Familienmanagerin doch ganz nebenbei. Und natürlich helfen die modernen Papis ganz viel mit.

Verurteilt mich ruhig. Bei mir läuft das mit drei lebhaften Kindern, einer pflegebedürftigen Mutter und einem Dreißig-Stunden-Job nicht nach Plan.

Die Familienmanagerin ist regelmäßig so gestresst, dass sie fünf Snickers auf einmal isst und keinesfalls einfühlsam herausfindet, warum die Hausaufgaben nicht fertig sind, sondern mit rotem Gesicht »Mach jetzt hin!« schreit.

Wusstet ihr, dass Frauen mit Kindern jeden Tag zweieinhalb Stunden mehr mit Hausarbeit und Kinderbetreuung verbringen als ihre Männer? Jeden Tag und unbezahlt!

Der Gender-Care-Gap beträgt aktuell in Deutschland über die Gesamtbevölkerung etwa fünfzig Prozent. Das heißt, Frauen machen eineinhalbmal so viel Hausarbeit wie ihre Partner.

Gleichzeitig verdienen Frauen selbst bei gleicher Ausbildung im Schnitt zwanzig Prozent weniger. Spätestens, wenn Kinder da sind. Das ist der Gender-Pay-Gap.

Vielfach rutschen Paare nach der Geburt eines Kindes ungeplant in eine traditionelle Rollenaufteilung. Frauen gehen in Elternzeit oder Teilzeit. Automatisch übernehmen sie unbezahlt mehr Haushaltspflichten und kümmern sich um die Kinder. Während der Mann der Hauptverdiener wird. Und das bleibt dann so, selbst wenn die Kinder zur Schule gehen und auch, wenn die Mütter wieder arbeiten.

Versteht mich nicht falsch. Meine Cousine hat ihren Arbeitsvertrag nicht verlängert. Sie sagt, kleine Kinder und Beruf, das geht nicht gleichzeitig. Das finde ich echt cool! Das Ungerechte an diesem Modell ist für mich der finanzielle Aspekt.

Durch Elternzeit und Teilzeit haben wir Frauen später weniger Rente. Wir haben weniger Berufserfahrung. Das ist relevant für die Frauen, die sich scheiden lassen. Und nicht vergessen: Über ein Drittel aller Ehen wird geschieden. Vielleicht sollte Rente ein Schulfach sein. Ich würde mir wünschen, dass auch die Sorgearbeit, die wir als Hausfrauen leisten, später bei der Rente gerecht vergütet wird. Dafür zum Beispiel lohnt es sich zu streiken.

Ich habe einen wissenschaftlichen Artikel gelesen, der mich total überrascht hat. Lasst Väter früh einige Zeit die Kinderhauptverantwortlichen sein. Sechs Monate Elternzeit zum Eingewöhnen in der Kinderbetreuung zum Beispiel. Ja, auch Männer können Exkremente entfernen und das Kind mit einer frischen Windel versehen, füttern und das schreiende Kind zum Mittagsschlaf überreden. Die Kinder überleben das tatsächlich, und die Männer verstehen, was zur Kinderbetreuung so alles gehört.

Das ist ein Knackpunkt, an dem man gesetzlich angreifen und für Veränderung sorgen kann!

Lasst uns für Vaterschaftszeit streiken!

Klar ist: Sorgearbeit muss gerechter aufgeteilt werden,

wenn wir mit der Gleichberechtigung in der Zukunft ankommen wollen.

2. *These: Wir sollten Punkmütter statt Rabenmütter werden*
In meinem Umfeld erwarten alle, dass die Mütter für die Erziehung zuständig sind. Beschwerden landen ungerechterweise immer bei mir, und das stresst mich.

Die Lehrerin schickt immer mir die E-Mails und verlangt zum Beispiel, ich möchte mit dem Kind über Schimpfwörter in der Schule sprechen.

Mit Scham und Schuld wird an Frauen appelliert: Ihr wollt doch wohl alle das Beste für eure Kinder, oder? Also reißt euch doch bitte zusammen und stellt eure Bedürfnisse hintan!

Männer sind dafür viel weniger anfällig.

Deshalb, Mütter: Lasst uns Punkmütter werden!

Laut Internet ist das charakteristische für Punks: provozierendes Aussehen, eine rebellische Haltung und nonkonformistisches Verhalten.

Auf das provozierende Aussehen würde ich gerne verzichten, aber etwas mehr rebellische Haltung und Mut zu nonkonformistischem Verhalten würden uns Frauen durchaus guttun.

Ich bin hier wirklich für Mut zur Unvollkommenheit.

An einem Suppenfleck auf dem Pullover ist noch keiner gestorben.

Lasst die Brösel unter dem Tisch liegen und legt die Beine hoch, morgen kommen noch mehr dazu.

Lasst uns nach unseren Bedürfnissen schauen. Nach unseren Karrieren, nach unserer Gesundheit, nach unseren Träumen oder auch danach, wie wichtig uns selbst die Brösel unter dem Tisch sind.

Wir müssen nicht Supermama sein.

Männer gehen mit Forderungen von Schule und Umwelt oft lässiger um und fühlen sich nicht als Versager in der Erziehung, wenn das Kind in seiner pubertären Phase Grenzen testet.

Deshalb: Über Schimpfwörter in der Schule spricht ab jetzt der Vater mit dem Nachwuchs. Ich habe der Lehrerin mitgeteilt, dass er sich mit dem Thema besser auskennt, und ihr die E-Mail-Adresse meines Mannes geschickt.

Die Lässigkeit der Männer können wir uns abschauen.

Lasst uns entspannte Punkmütter sein!

*3. These: Verteilt den Mental Load*

Auch die Planungsarbeit in der Familie ist unsichtbar wie die Unendlichkeit und schwer wie ein schwarzes Loch! Das Familienmanagement übernehmen in der Mehrzahl die Frauen, bei drei Kindern ist es ein Vollzeitjob.

An tausend Sachen muss ich gleichzeitig denken, Termine miteinander koordinieren. Ich schlafe schlechter, fühle mich angespannt und ausgelaugt. Einmal hatte ich den Kopf so voll, dass ich meinen Rock zu Hause vergessen habe.

Die eigentliche Belastung ist es, für alles verantwortlich zu sein. Heutzutage spricht man vom *Mental Load*.

Es nützt wenig, wenn jemand mithilft. Es müssen ganze Verantwortungsbereiche ausgelagert werden. Inzwischen ist Papa für den Zahnarzt zuständig. Immer! Auch für die Terminvereinbarung. Und für das Schuhekaufen. Der Kindsvater hat sich Erinnerungstermine im digitalen Familienkalender für Frühjahr und Herbst gesetzt.

Lasst uns für die Aufteilung des Mental Load streiken. Wir könnten die Raumzeit etwas verbiegen und Verantwortung abgeben.

*4. These: Wir sollten Bezahlung für die Sorgearbeit einfordern*
Mindestens sechs Stunden pro Woche kümmere ich mich um meine kranke Mutter.

Für die Kinder, die ich alle sehr liebe und schon immer haben wollte, kommen noch einmal dreißig Stunden dazu.

Das sind 36 Stunden unbezahlte Arbeit.

Mein Ziel ist es nicht, dass die Männer bald auch erschöpft sind. Ich möchte ein Bewusstsein für Sorgearbeit schaffen und nach funktionierenden Lösungen suchen.

Gleichgeschlechtliche Paare kriegen die Verteilung der Sorgearbeit übrigens meist ausgeglichen hin.

Was wäre, wenn eine Müttergewerkschaft den Mindestlohn für die Sorgearbeit erkämpft hätte?

Haushalt und Kinder: 1560 Euro pro Monat.

Mama im betreuten Wohnen versorgen? 288 Euro pro Monat.

Lasst uns das Tabu brechen und für Bezahlung streiken!

So, das geht jetzt an meinen Vater: Papa, ich brauche Unterstützung! Du bist aktuell selbst zu krank, um dich um deine demente Frau zu kümmern, das weiß ich. Wie wäre es, wenn du mir jemanden bezahlst, der mich im Haushalt unterstützt, damit ich Zeit für Mama habe?

*5. These: Lasst uns eine kinder- und mütterfreundliche Gesellschaft werden, sonst könnten wir dank Gebärstreik aussterben*

Roboter sind die Zukunft! Aber wenn eine Gesellschaft Nachwuchs bekommen will, muss sie kinder- und mütterfreundlich sein. Sonst haben Frauen keinen Bock mehr auf das Kinderkriegen.

Die große Johanna, die sechzehnjährige Tochter meiner Freundin, hat keine Lust auf eigene Kinder. Zu anstrengend! Lieber arbeiten und Karriere machen, wie Papa.

Hat unsere Gesellschaft die gleiche Zukunft wie Südkorea?

Südkorea hat mit 0,78 Kindern pro Frau die niedrigste Geburtenrate der Welt. Die Gesellschaft wird sich halbieren. Wahnsinn, oder?

Bei Südkorea dachte ich immer an technischen Fortschritt, Samsung-Geräte und Hyundai-Autos. Frauen studieren dort und sind gut ausgebildet und hip gekleidet. Doch lange Arbeitszeiten, alleinige Zuständigkeit für Haushalt und Kinder, teurer Wohnraum, kaum Möglichkeiten, Kind und Beruf zu vereinbaren, führen zum Gebärstreik.

*Jungfrau Johanna*, keine Kinder zu wollen, ist total okay! Sicher sind ein paar Menschen weniger auf dieser Erde gut für den Planeten.

Aber lasst uns dafür streiken, eine Gesellschaft zu werden, die Kinder willkommen heißt! Auch laut kreischende Kinder in der Trotzphase. Ich wünsche mir eine Gesellschaft, die Mütter unterstützt und entlastet.

(Außerdem: Ich möchte lieber nicht von einem Roboter gepflegt werden, wenn ich alt bin.)

*6. These: Wir sollten eine Revolution starten*
Die Doppelbelastung von Beruf und unbezahlter Sorgearbeit kann krank machen, wenn nicht genug Zeit bleibt, um die Batterien wieder aufzuladen.

Bei mir hat der Stress zu Schlafstörungen und hohem Blutdruck geführt.

Ist das alles nur mein Problem? Privatsache? Nein!

Wenn man sich für eine gerechte Verteilung der Sorgearbeit einsetzt, dann ist das Private politisch!

Es ist ein Fehler im System, der sich kein bisschen davon ändert, wenn überlastete Frauen achtsam sind und meditieren!

Unsere westliche, kapitalistische Gesellschaft beruht auf der kostenlosen Sorgearbeit. Es bräuchte eine Revolution, um dieses System zu ändern.

Also, Mädels, warum nicht eine Revolution?

Das Wahlrecht mussten die Frauen sich auch erkämpfen.

Vor 1958 durften Frauen in der Bundesrepublik nur arbeiten, wenn ihr Ehemann einverstanden war.

Bis 1977 war auch in Deutschland die Frau in der Ehe zur Führung des Haushalts verpflichtet. Das muss man sich mal vorstellen!

Es hat sich schon so viel verändert!

Lasst uns die Sorgearbeit umverteilen. Zuständigkeiten aufteilen.

Lassen wir unsere Kinder, auch die Söhne, mehr im Haushalt helfen.

So verstehen zukünftige Generationen, was Sorgearbeit ist.

Auch Menschen ohne kleine Kinder können sich bei der Sorgearbeit einbringen.

Meine Freundin, die inzwischen Rentnerin ist, geht einmal in der Woche mit meiner Mutter spazieren. Das ist eine riesengroße Hilfe. Danke, Bettina!

Wir dürfen den Mut haben, anders zu denken.

Veränderung passiert nicht von alleine.

Deshalb: Lasst uns streiken, Mütter. Mit Cappuccino und rotem T-Shirt auf dem Marktplatz!

Damit sich etwas verändert.

Damit Mütter nicht zu erschöpft sind, um das Leben zu genießen.

Lasst uns eine Gesellschaft werden, die sich mit uns an unbeschwertem Kinderlachen erfreut.

Marion Otto, geboren 1975 in Schwäbisch Hall, arbeitet als Ärztin und schreibt den Naturgarten-Blog »Pflanzensprache«.

---

[1] Neutrinos sind extrem leichte, elektrisch neutrale, schwach wechselwirkende Elementarteilchen. Quelle: https://www.spektrum.de/lexikon/astronomie/neutrino/309; Letzter Abruf: 03.11.2023

Dagmar Sommer

## DU

Dein Geburtsdatum könnte der 31. April 2001 sein oder vielleicht auch der 1. November 2005, ich weiß es nicht. Wärst Du ein Mädchen geworden, so hätte ich mich für den Namen Theresia begeistert, Theresia Sommer. Bei einem Jungennamen stocherte ich noch im Nebel. Sicherlich wäre Deine Geburt schmerzhaft gewesen, aber dann der Augenblick, Dich in den Armen zu halten! Du, ein neues Wesen, aus unserer Liebe gezeugt! Deine Augenfarbe Braun, vielleicht mit einem grünlichen Schimmer? Und erst Deine zarte Haut, die Ärmchen später ausgestreckt, mit den Beinchen strampelnd, fröhlich auf dem Wickeltisch quietschend! Für Papa und mich wäre bei Deinem ersten Lächeln eine neue Sonne aufgegangen!

Ja, natürlich wären viele Nächte kurz gewesen, die Nerven hätten blank gelegen, wärst Du ein Schreikind geworden. Und welchen Schrecken verursachte Dein erster wirklich schmerzhafter Sturz! Hoffentlich hätte ich meine Angst überwunden und Dich auf hohe Bäume klettern lassen. Und dann der Augenblick: Du mit Deiner Schultüte im Arm auf einem weiteren Schritt in die Selbständigkeit.

Fröhliche Geburtstagsfeste mit Deinen Mitschülerinnen, helle Kinderstimmen durchs Haus schallend. Hättest Du unsere Hilfe bei den Hausaufgaben gebraucht oder alles »mit links« erledigt? Knallende Türen, Proteste, Verweigerung – wäre das Deine pubertäre Ausdrucksform gewesen? Wärst Du am 1. November 2005 geboren, so hätten wir gerade Deinen achtzehnten Geburtstag gefeiert!

Mein Mann und ich, in diesem Jahr seit 25 Jahren verheiratet, sind kinderlos geblieben. Wir gehören nicht zu denen, die sich dafür bewusst entschieden haben. Nach meinem zweiten Staatsexamen 2000 hätten wir uns sehr über Kinder gefreut. Als sie ausblieben, begannen wir mit Untersuchungen. Einer der Ärzte meinte: Ein Sechser im Lotto sei wahrscheinlicher, als dass wir auf natürlichem Wege Kinder bekommen könnten. Insgeheim hoffte ich auf ein Wunder wie bei Dornröschen: »Vor Zeiten war ein König und eine Königin, die sprachen jeden Tag ›ach, wenn wir doch ein Kind hätten!‹ und kriegten immer keins. Da trug sich zu, als die Königin einmal im Bade saß, dass ein Frosch aus dem Wasser ans Land kroch und zu ihr sprach ›dein Wunsch wird erfüllt werden, ehe ein Jahr vergeht, wirst du eine Tochter zur Welt bringen.‹ «[1] Aber bis heute ist bei uns kein Wunder geschehen, der Frosch blieb im Wasser, und, ja, der Sechser im Lotto blieb auch aus. Und was das Kinderkriegen anbelangt, wird sich Letzterer auch nicht mehr gewinnen lassen ...

»Weißt du schon, dass deine Cousine schwanger ist durch eine künstliche Befruchtung?«, so die Mutter. Wollte ich mich mit Hormonen vollpumpen und mit Bangen und Hoffen darauf aus sein, dass eine In-vitro-Fertilisation Erfolg habe? Nein, das wollten weder mein Mann noch ich. Mein Körper sollte so bleiben, wie er war. Beruflich fasste ich gerade dort Boden, wo ich heute, nach zwanzig Jahren, immer noch mit Freude arbeite. »Ach, und übrigens, Marie und Claus haben sich jetzt für eine Adoption entschieden.« Allmählich fing ich an mich zu fragen: Wer möchte hier eigentlich ein Kind oder Enkelkind? Ja, natürlich hätte ich mich riesig über ein Kind gefreut, aber ich war auch beruflich ausgefüllt, und zählte das weniger?

Jedes Mal, wenn sich in der Verwandtschaft oder unter Freunden ein Kind ankündigte, freute ich mich riesig. Gleichzeitig spürte ich immer wieder eine fragende Haltung beim Gegenüber, ob ich denn von solchen Nachrichten verschont werden müsse, da ich ja nicht in die gleiche Lage kommen konnte?! Ich ging die Situation direkt an und erkundigte mich genau, wie sich eine Schwangerschaft anfühlte, und erzählte Freundinnen, dass ich ein bisschen mit ihnen »schwanger« sei.

Im Laufe der Jahre wurden ich und auch mein Mann bei neuen Bekanntschaften häufig gefragt, ob wir Kinder hätten. Auf die Antwort »Nein« erlebten wir beide immer wieder ähnliche Reaktionen: Entweder verstummte das Gespräch, oder es entstand ein fragender Ausdruck beim Gegenüber.

Auch wenn wir bei dieser Frage ähnlichen ersten Reaktionen ausgesetzt waren, entstand bei mir als Frau deutlich das Gefühl, nein, es war offensichtlich, dass ich nach der ersten Reaktion anders mit der Kinderlosigkeit konfrontiert wurde als mein Mann: »Ah, dann gehst du deinen Pflichten als Frau nicht nach! Das ist doch deine eigentliche Aufgabe, Kinder zu bekommen!« »Du bist also nur auf deine eigene Karriere aus!« Oder: »Dann kannst du gar nicht mitsprechen, wie es ist, Kinder zu haben!« Manches Mal ließ man mich spüren: »Eigentlich bist du keine von uns!«

Somit gewöhnte ich mir eine offensive Haltung an und berichtete, dass wir lange auf Kinder gewartet und uns gegen eine künstliche Befruchtung entschieden hatten. Aber wollte die Gesprächspartnerin das wirklich alles wissen? Hatte sie vielleicht nur aus Höflichkeit geschwiegen, weil sie nicht indiskret werden wollte? Wäre ich bei weiteren Fragen vielleicht in Tränen ausgebrochen?

Durch all die unterschiedlichen Reaktionen wurde mir klar: Kinderlosigkeit, ob gewollt oder ungewollt, ist in unserer Gesellschaft – noch – ein Tabuthema!

Um mit Hannah Arendt – die selbst kinderlos war – zu sprechen, geht es beim Kinderkriegen doch letztlich um das »Wunder der Natalität«. Ich zitiere: »Das ›Wunder‹ besteht darin, daß überhaupt Menschen geboren werden, und mit ihnen der Neuanfang, den sie handelnd verwirklichen können kraft ihres Geborenseins. Nur wo diese Seite des Handelns voll erfahren ist, kann es so etwas geben wie ›Glaube und Hoffnung‹, also jene beiden wesentlichen Merkmale menschlicher Existenz ... «[2] Die Geburt jedes einzelnen Kindes ist ein Wunder, ein unmittelbarer Schöpfungsakt. Und ja, für mich war es durchaus schmerzhaft, solch ein Wunder nicht selber durchleben zu dürfen: den Schöpfungsmoment, das Neue, die Kreativität, die Unmittelbarkeit, die Freude, ja auch die Anstrengung, die Erschöpfung und vieles mehr. Und dennoch stehe ich hier als eine zufriedene, glückliche Frau.

Lassen Sie uns gemeinsam das Tabuthema brechen und uns von Mensch zu Mensch, von Herz zu Herz begegnen. Seien Sie mutig, kinderlose Frauen zu fragen, wie es ihnen damit geht. Wer weiß, welches »Wunder« durch solch ein Gespräch »geboren« wird!

Dagmar Sommer, 1972 in Stuttgart geboren, beendete ihr Studium mit dem Zweiten Staatsexamen für das Lehramt an Gymnasien in den Fächern Deutsch und Russisch. Seit vielen Jahren arbeitet sie als Lehrerin und in der Schulleitung einer Förderschule mit den Schwerpunkten emotional soziale Entwicklung und Lernen. Für den Unterricht schreibt sie häufig Gedichte.

---

1 Kinder- und Hausmärchen, gesammelt durch die Brüder Grimm, Düsseldorf 1997, S. 281.
2 Hannah Arendt: Vita activa oder Vom tätigen Leben, München 2019, S. 317.

Andrea Fleckner

## Autismus aus der Innensicht

Wir sind Andrea und Christine, und wir haben ein gemeinsames Thema:
Ich bin jetzt 48 Jahre alt. Ich bin Autistin, und nein, ich leide nicht an dieser Störung! Denn Autismus ist keine Störung! Autismus ist kein Leid! Ich bin sehr gut, so wie ich bin!

Leider war es ein langer, anstrengender Weg zu dieser Erkenntnis. Ich habe immer mein Bestes gegeben, aber oft hat es nicht gereicht. Ich habe nicht so funktioniert, wie es von mir erwartet wurde. Viele Dinge habe ich nicht verstanden, viele Dinge hätte ich wissen müssen, aber sie wurden mir nicht erklärt. Ich habe viel gelernt, vor allem durch schlechte Erfahrungen und Angst. Ich habe verstanden und gespürt, dass ich anders bin. Anders zu sein, bedeutete für mich, falsch zu sein, dumm zu sein, faul zu sein. Ich wurde gemobbt, angegriffen, verprügelt. Mir blieb nur eine Wahl: anpassen, verstecken, verleugnen. Mich und meine Bedürfnisse zurückstellen, einen Weg finden, den Anforderungen aller gerecht zu werden. Und das habe ich getan.

Ich habe mich eingemauert wie eine Prinzessin in einem

hohen Turm. Habe Dornen wachsen lassen, bis durch die Fenster kein Licht mehr drang. Dort hatte ich meine Ruhe, nur sehr selten hat jemand versucht, zu mir durchzudringen. Mit jedem Lebensjahr wurden die Mauern dicker, das Gestrüpp undurchdringlicher. Der Turm in mir wurde größer und größer, er machte mich unbeweglich, verkrampft, nahm mir die Luft zum Atmen.

Warum geht es mir so schlecht? Ich mach doch alles richtig, oder? Warum werde ich so oft falsch verstanden? Warum erleben mich andere als arrogant, überheblich, gefühlskalt? Ich gebe mir so viel Mühe, merkt das denn keiner? Ich versuchte herauszufinden, was mit mir los ist, eine lange Reise von Arzt zu Arzt begann. Wieder gab ich mir viel Mühe, erzählte, was mich quält, recherchierte, suchte nach Antworten.

Ich bekam Antworten:

Sie können nicht autistisch sein, Sie haben einen Partner, Kinder, einen Job. Richtige Autisten schaffen so etwas gar nicht.

Wenn Sie autistisch wären, könnten Sie nicht so gut Blickkontakt halten.

Sie sind Erzieherin? Autistische Menschen können nicht in sozialen Berufen arbeiten, es fehlt ihnen an Empathie und Einfühlungsvermögen.

Ihr Spezialinteresse ist Psychologie? Nein, das muss doch etwas logisch-mathematisches sein. Interessieren Sie sich nicht für Fahrpläne oder Straßen?

Sie denken, dass Sie autistisch sind? Ja, das scheint momentan groß in Mode zu sein! Sie sehen gar nicht autistisch aus, und ich habe schon viele Autisten gesehen, glauben Sie mir.

Sie sind doch intelligent, wenn Sie sich anstrengen, dann schaffen Sie das! Machen Sie sich doch nicht kränker, als Sie sind!

Ihr wollt wissen, wer mir geholfen hat? Ihr wollt wissen, wer mir gezeigt hat, wer ich bin? Es ist so einfach und so schwer zugleich: meine Kinder! Sie haben Zugang zu ihren Wünschen, Bedürfnissen und Gefühlen. Das ist ein großes Geschenk, eine höchst schützenswerte Gabe. Ich wusste nicht, dass wir autistisch sind. Sie haben es mir gezeigt. Ich habe sie ernst genommen, und gemeinsam haben wir Hilfe gefunden, gemeinsam haben wir unsere Wahrheit gefunden. Dafür werde ich ihnen immer dankbar sein.

Ich weiß, dass es vielen Frauen ähnlich geht. Viele Mädchen verlieren den Kontakt zu ihren Bedürfnissen, ihren Fähigkeiten, ihrem Körper. Unsere Leistungsgesellschaft kennt keine Gnade. Wer nicht funktioniert, wird ausgeschlossen, angegriffen und ins Abseits gedrängt. Das Schulsystem ist überlastet, die Schuld wird hin und her geschoben. Für die Hilfesysteme ist kein Geld übrig, für Fortbildung keine Zeit. Die Hilflosigkeit ist allgegenwärtig, übermächtig, erdrückend. Hilfeschreie überall ... Jeder hört sie, überhört sie.

Ich weiß, ihr seid da und hört mir zu. Lasst mich euch Mut machen: Ihr dürft so sein, ihr dürft die ganze Wahrheit zeigen. Ihr dürft hinter euren Masken hervortreten und eure Bedürfnisse wahrnehmen. Ihr dürft Rücksicht, Akzeptanz und Unterstützung einfordern! Ihr seid genau richtig, so wie ihr seid! Jede von euch hat das Recht auf Hilfe!

Ich weiß, es kostet sehr viel Kraft! Gebt nicht auf! Schaut euch euren Turm an: Er ist stabil, ihr habt lange und ausdauernd daran gebaut, ihr dürft stolz auf ihn sein. Dieser Turm beherbergt etwas ungemein Wertvolles: eure Identität! Ihr braucht sie, sie gehört zu euch, schon immer! Findet einen Weg zu ihr, entfernt das Gestrüpp, sucht nach den Fenstern und Türen. Ihr dürft Kontakt zu eurer Prinzessin aufnehmen, sie fragen, wie es ihr geht, was sie sich wünscht. Ich bin mir sicher, sie hat euch etwas zu sagen. Ihr habt den Schlüssel zu eurer Identität, und nur ihr entscheidet, wem und wann ihr euch öffnet.

Wir Frauen und Mädchen sind anders autistisch, wir brauchen eine angepasste Diagnostik, das wird immer deutlicher. Wir können viel dazu beitragen, dass Mädchen und Frauen im Spektrum besser verstanden werden. Die Forscher, die Ärzte, die Therapeuten, sie brauchen unser Wissen, unsere Erlebnisse, unsere Wahrnehmung, unsere Lebensgeschichten. Das können nur wir ihnen geben.

Ich bitte euch:

Vernetzt euch, helft euch gegenseitig, schließt euch zusammen. Die Gemeinschaft wird euch Kraft und Zuversicht geben, ihr seid nicht allein! Gemeinsam bauen wir eine Welt, die uns akzeptiert und versteht. Zusammen sind wir stark!

Vielen Dank!

**Andrea Fleckner**, geboren 1975, Heim- und Heilerzieherin. Sie ist spätdiagnostizierte Autistin, betreut und pflegt hauptberuflich ihre drei autistischen Kinder. Im Verein Spektralkräfte Konstanz e. V. leitet sie eine Selbsthilfegruppe und setzt sich für die Belange autistischer Menschen und ihrer Angehörigen ein.

Christine Finke

## Autismus aus Muttersicht

»Ihre Tochter kann nicht autistisch sein, sie ist viel zu empathisch«, haben sie gesagt in der Klinik, in die ich mit dem Kind ging, als es sieben Jahre alt war und als es nach der Schule täglich schreiend und um sich tretend auf dem Boden lag, im sicheren Zuhause, denn in der Schule hatte sie sich die ganze Zeit zusammengerissen.

»Mit dem Kind ist alles in Ordnung, machen Sie sich keine Sorgen«, haben sie im Kindergarten gesagt bei den Elterngesprächen, wenn ich erzählte, was bei meinem jüngsten Kind anders ist als bei den anderen beiden, ihren älteren Geschwistern.

»Ein super Kind haben Sie!«, hat die Kinderärztin bei jeder U-Untersuchung gesagt, und ich fand das auch, obwohl das Kind einige Entwicklungsschritte sehr spät machte, andere hingegen sehr früh, schon irgendwie speziell war, aber sind wir das nicht alle?

»Hier ist leider nicht das richtige Setting für Ihre Tochter«, haben sie gesagt, erst in der einen Schule, dann in der anderen, dann in einer dritten, am Ende waren es sieben Schulen, von denen keine richtig passte. Und immer hat mein Kind sich die allergrößte Mühe gegeben, bis hin zur Verzweiflung.

Es wollte so gerne Freunde haben, wie die anderen Kinder sein und, ja – auch lernen. Aber das hat nicht geklappt. Stattdessen hat es früh lernen müssen, was Mobbing ist. Die Erinnerung daran tut ihr heute noch weh.

»Wir müssen mal gucken, ob die Kinder nicht besser fremduntergebracht werden«, haben sie beim Jugendamt gesagt, als ich mich dorthin wandte, um Hilfe zu bekommen, nachdem die Kinderklinik irgendwie auch nicht weiter gewusst, aber gleichzeitig gesagt hatte: »Wenn Sie sich nicht beim Jugendamt melden, müssen wir leider Meldung erstatten«, und mir gefror das Blut in den Adern, über Monate, bis der Verdacht aus dem Weg geräumt war, dass es an mir als Mutter liege, dass sich das Kind so sonderbar benimmt.

»Ihre Tochter ist in einigen Bereichen überdurchschnittlich intelligent«, hat die Psychiaterin gesagt, bei der wir später waren, und das macht es nur noch schwieriger für mein Kind, denn inzwischen weiß ich, sie ist sehr wohl autistisch, nur wollte oder konnte das vorher keiner sehen, weil autistische Mädchen oft nicht ins Raster passen und weil über uns das Stigma der alleinerziehenden Mutter schwebt. *Die muss doch irgendwas falsch gemacht haben, bestimmt kriegt sie das mit der Erziehung nicht hin!*

»Sie müssen noch mal zur Diagnostik mit Ihrer Tochter«, hat der Therapeut gesagt, bei dem wir nach der Klinikzeit regelmäßig waren. »Das ist Autismus, ich sehe das. Ich behandele hier einige solcher Kinder. Fahren Sie in eine Uniklinik und lassen das noch mal angucken.«

»Ich will nicht«, habe ich gestöhnt. »Nicht schon wieder Diagnostik, ich hab' die Schnauze voll!«, aber ich bin dann doch mit ihr dahingefahren, in die Autismus-Ambulanz.

Und dort, nach nur zehn Minuten Eingangsuntersuchung, haben sie dann »Sie sind hier richtig« gesagt, und ein halbes Jahr später war die Diagnose nach Goldstandard da, schwarz auf weiß: Autismus. Da war das Kind zehn und ich 53. Danach wurde es mit den Behörden zwar leichter, aber die Probleme blieben.

Ungehalten ist gar kein Wort für das, was ich seitdem oft empfunden habe. Im Stich gelassen habe ich mich gefühlt, sauwütend, und vor allem habe ich gemerkt, wie wenig Ahnung von Autismus sogar sogenannte Fachleute haben. Das Hilfesystem hilft nicht, die Schule zuckt mit den Schultern, gute Kinderpsychiater sind so selten wie ein Sechser im Lotto, und Inklusion gibt's nur auf dem Papier.

Nee, halt, stimmt nicht ganz. In der Selbsthilfegruppe wird dir geholfen. Von Ehrenamtlichen: selbst Betroffenen, Müttern und Vätern. Ich bin dankbar für diese Erfahrung. Ich bin nicht mehr allein, sondern vernetzt. Und siehe da: Ganz viele haben dieselben oder ähnliche Erfahrungen mit dem System gemacht.

Das ist halt die Krux mit unsichtbaren Behinderungen – »Die soll sich mal zusammenreißen!« oder »Das Kind muss sich nur mehr anstrengen!« ist die Haltung überall, und irgendwann zieht man sich dann zurück, weil man einfach nicht mehr kann. »Es ist besser, allein zu sein, als immer missverstanden zu werden«, denkt sich das Kind dann, aber so soll es nicht sein. Und es tut weh, wenn du siehst, dass dein Kind sich einmauert. Das Kind, das einst so fröhlich war und immer mittendrin im Geschehen.

Da wieder rauszukommen, ist sehr schwierig, und das schafft auch die Familie nicht allein.
Dafür brauchen wir euch!
Euch von außen, weil Inklusion und Teilhabe nur gelingen, wenn Autisten, Behinderte, Einsame nicht unter sich bleiben.

Ruft sie aus den selbstgemauerten Türmen, von denen Andrea sprach, hervor. Sagt ihnen, ihr freut euch, wenn sie dabei sind. Nehmt sie an, wie sie sind. Und seht sie als das, was sie sind: keine leidenden »Gestörten«, sondern, mit Betonung auf »anders«, andere Menschen. Menschen wie ihr.

**Christine Finke** lebt als alleinerziehende Mutter dreier Kinder in Konstanz am Bodensee, wo sich die gelernte Journalistin seit 2014 als ehrenamtliche Stadträtin engagiert.

Veronika Litschel

## Dazwischen

Dazwischen
stehe ich, mit meiner Sprache, die für mich doch immer alles bedeutet. Achtsam bin ich ihr gegenüber, im Anspruch. Achtsam auch bei jenen, an die ich sie richte, diese Sprache. Es ist eine erkämpfte Frauensprache, die sich immer noch und wieder stärker behaupten muss. Meine Sprache ist eine der Sichtbarkeit, der Räume, der Eigenständigkeit in Differenz. Eine gegen das Mitmeinen, das Definieren über die Ableitung von Männlichem.

Meine Sprache ist die Suche nach mir selbst, das Artikulieren von etwas Eigenem; über die Sprache den Weg zu meinem Körper finden, der lange nicht mir gehörte, sich nicht so anfühlte, als gäbe es eine Selbstbestimmung über die intellektuelle Position hinaus. Älter musste ich werden, um mich zu lösen. Mutter, Frau, Begehrte, Zurückgezogene, Verlassene, Entwachsene.

Dazwischen
stehe ich, mit meinem Erleben. Meine Mutterfrauen in ihrem Kampf um Selbstentdeckung, für das kleine Mädchen

zu sexualisiert, für die Jugendliche irgendwann unglaubwürdig. Versuchte Konfrontation wurde als Ablösen abgetan. Früh habe ich die Machtfrage verstanden: Wer Geld hat, schafft an, wer stärker ist, gewinnt, wer dringender gebraucht wird, hat recht. Bei allen formulierten Feminismen, die mal so überzeugend klangen, aus den Muttermündern für die Tochterohren.

Nein, ich bin nicht verbittert, nicht mehr. Nein, ich grolle nicht einer ganzen Frauengeneration, nicht mehr. Habe gelernt, von mir zu abstrahieren. Ich danke für eure Kraft, die auch mir erlaubte, einen Weg allein zu gehen, mich frei sein ließ, einen Kampf, der eurem folgte, aufzunehmen. Viel Achtung gehört euch, ich möchte euch feiern und meine Distanz behalten.

Dazwischen

stehe ich, mit meiner Verunsicherung über neue Subsumierungen, die mich treffen. Die ich verstehe, aber nicht teile. Dort, wo ich um Eigenständigkeit und Differenz gekämpft habe, begegnet mir begrifflicher Zusammenschluss als Abgrenzung gegen alles, was männlich und heterosexuell ist. Neue Worte lerne ich, die ich nur schwer greifen kann. Sie bleiben mir seltsam leer, ich suche andere, begebe mich auf individuelle Ebenen, frage das Gegenüber: Wie willst du gelesen werden? Auch eine neue Sprachwendung.

Einschließversuche, die aus meinen Augen Ausschlussmechanismen – auch selbst erlebte – aus dem Blickwinkel einer jungen Welt unsichtbar werden lassen. Differenzen verschwinden, damit auch Positionen, damit Ansprüche, damit Kämpfe. Ich spüre und höre das Unbehagen und die Wut der Frauensprache einer Generation vor mir, die Wut der Queer-Sprache, der FLINTA in der Generation nach mir und versuche zu vermitteln. In einem Unverständnis über das Gegeneinander.

Dazwischen
stehe ich, mit meinen Abwehrkämpfen in alle Richtungen, auch in die von Verbündeten. Sprachen dringen in mich ein, es sind nicht nur Schreibweisen, es sind Konzepte. Rückschritte gilt es abzuwehren, Räume zu öffnen, andere zu schließen. Plötzlich, nicht zum ersten Mal, aber für mich in einem sehr direkten Erleben, werden die ehemals verwehrten Räume untereinander streitig gemacht, nicht geteilt.

Während der Vermittlung aus der Zwischengeneration heraus wächst in mir das Bild, dass unsere Räume verengen, während wir untereinander versuchen, ebendiesen Platz zu schaffen oder ihn uns gegenseitig zu nehmen. Zurückdrängung erfolgt auf allen Ebenen, das Private wird wieder Frauensache, wir waren schon einmal weiter, denke ich; still. Meine Frauensprache wird leise, ich werde wieder mitgemeint und abgeleitet.

Dazwischen
stehe ich, mit meiner Überforderung. Plötzlich ist es nicht mehr abstrakt, nicht mehr eine Frage der Political Correct-

ness, sondern eine der Liebe. Die Mutter und das Kind. Ich finde keine Worte, das sinnhafte Aneinanderreihen von Buchstaben will mir nicht gelingen. Das, was kognitiv eine Frage der Anerkennung war – in meinem Weltbild doch selbstverständlich –, ist nun eine Frage der Nähe.

Nicht binär bleibt abstrakt, solange es nicht mit Verwirrung gefüllt ist. Die Verwirrung der Auflösung zentraler Identitätsmuster. Es gibt kein Hinterfragen von mir an dich, nur ein Anerkennen. Es gibt keinen Moment lang die Idee, es wäre eine Modeerscheinung, nur den Schmerz als Mutter über deinen schweren Weg, dich mit dir übereinstimmend zu finden. Dich, mein Kind, das ich schütze, für das ich mir immer Leichtigkeit und Glück gewünscht habe.

Dazwischen
stehe ich mit meiner Sprache, die zerläuft, sich verflüchtigt in diesem Zerrissenen. Ich finde die Pronomen nicht, mit denen ich dir gerecht werden möchte. Wie soll ich dich nennen, frage ich. Du sagst: Kind. Aber damit nehme ich dir in meiner Sprache alle Autonomie, um die du so gerungen hast. Ich mache dich klein, lasse dich nicht los.

Meine Frauensprache ist binär, sie hat ein Geschlecht, bewusst. Jetzt ist sie falsch, zumindest für dich, für mich ist sie unvollständig. Du kannst sie nun besser verstehen, sagst du. Lehnst sie aber ab, weil sie dich ausschließt. Ich möchte dir recht geben und widersprechen. Du dankst mir, wie ich der Generation vor mir, bist voller Achtung für meinen Kampf, möchtest mich feiern und deine Distanz behalten.

Dazwischen
stehe ich mit meinen Worten, die sich nicht zusammenfügen wollen. Ich versuche verschiedene Sprachkombinationen, möchte alle Texte nur noch so schreiben und verliere den Überblick. Ich spreche von der Person und komme mir dabei abwertend vor. Ich nähere mich über Umwege. Stelle fest, die popkulturelle Sprache, wie es das Feuilleton leicht pikiert nennt, ist nicht die meine. Sie ist nahe daran, mich abzustoßen.

Die Unsicherheit ist groß, denn die Vielfalt ist erdrückend, mit der ständigen Angst belegt, eine der Diversitäten zu übersehen und damit unsichtbar zu machen in meinen Texten. Ich lerne neu, eine Erweiterung. Etwas ausdrücken, das ich nicht kenne, nicht erfahren habe, nicht zu meinem Körper imaginieren kann.

Inzwischen
kämpft die Frauenbewegung gegen die Identitätspolitik, und das Patriarchat lacht sich ins Fäustchen. Auch hier geht es um Räume und Positionen, um Hegemonie in der Minderheitenrolle. Wir verlieren uns in einem Machtkampf, den wir doch überwinden wollten. Lassen uns ablenken, finden keine oder nur wenige Verbündete, suchen sie vielleicht gar nicht.

Sprache entwickelt sich, das Binnen-I ist überholt, weil ausschließend, der Frei- oder Leerraum ist zentral, nachvollziehbar. Die Gegenbewegung ist laut, sorgt sich um die Schönheit einer Sprache der »Dichter und Denker«, als ob es in anderen Sprachen keine Dichter*innen und Denker*innen gegeben hätte und gibt. Wir müssen lernen, zu dem Er und Sie ein weiteres oder sogar vielleicht viele weitere zu formulieren, müssen uns einlassen auf die Unbestimmtheit. Das Ziel ist gleich. Und ob nun binär oder nicht binär, es ist der Feminismus in ihrer ganzen Breite.

**Veronika Litschel**, Autorin und Sozialwissenschaftlerin, lebt und arbeitet in Wien. Verbrachte lange Jahre an der Nordsee, schreibt regelmäßig Kolumnen und Essays. Vor einigen Jahren begann die Erweiterung um Lyrik und Prosa. Veröffentlichungen in Anthologien, Ausstellungen und Zeitschriften. Weitere Informationen zur Autorin unter: www.litschel.at

Fred Heinemann

## YOUR BODY IS A SKYSCRAPER
*Rede von Balkonen*

Bevor ich überhaupt anfangen kann, haben Sie mich bereits unterbrochen.
Ein Haus ohne Balkon sei wie ein Mann ohne Schnurrbart.
Sie stehen als mein Nachbar verkleidet auf seinem Balkon und haben mir eben diesen Spruch über die Straße zugerufen. Danach ergänzen Sie, dass Ihnen wieder eingefallen sei, wie ich heiße, und dass Sie den Namen passend fänden, weil er irgendwie frech sei. Ich rufe: Wenn der Balkon der Schnurrbart ist, dann hat er etwas mit Drag zu tun.

Als ich wieder aufsehe, stehen Sie auf der Straße unterhalb des Balkons. Sie haben Ihren Kopf in den Nacken gelegt und schauen zu mir hoch. Ich stütze meine Hände auf die Brüstung, lehne mich leicht nach vorne, fixiere Sie.
Sie sind sich sicher, aber formulieren es als Frage, dass ich doch mal lange Haare gehabt hätte, die sich ganz dicht über meine Schultern gefächert hatten. Ich antworte nicht und versuche, etwa so empört zu schauen, wie Sie damals,

als ich Ihnen meinen Namen das erste Mal sagte und Sie irritiert waren – das sei doch ein Männername?

Sie reiben sich den Nacken.

Haben Sie gedacht, der Balkon gebe dieser Rede einen unverfänglichen Rahmen?

Ich meine, haben Sie mal an die Geschichte von Balkonen gedacht?

Immerhin wurden Balkone schon auf die Köpfe von in Stein gemeißelten Sklav*innenkörpern gestützt, um zu zeigen: Diese Körper tragen Geschichte, diese Körper sind belastbar, darauf ist Verlass –

Und später sollte der Balkon anderen zu verstehen geben, wir stehen über euch, wir hängen über euch, wir sind hier oben: Hallo, nach unten gewinkt, Hände erhoben, segnend, befehlend, unfehlbar.

Und später wurden Balkone für Arbeiter*innen gebaut, in der Hoffnung, dass die Arbeiter*innen auf dem Balkon stehend vergessen würden, dass sie auch weiterhin Arbeiter*innen waren.

In den letzten Jahren wurden Balkone gebaut mit dem Gedanken, Balkone sind Körbe zum Geldsammeln, damit lässt sich doch Naziarchitektur in interessante Luxushotels umbauen, von dort herunter lässt sich applaudieren, damit lässt sich ein Ort erzeugen, an dem gefickt werden kann.

Halt mal, Sie unterbrechen mich.

Haben Sie gesagt, dass Sie hier ficken möchten?

Das ist – dazu gibt es kein Gesetz, das ist Erregung öffentlichen –

Ich erwidere: Aber er ist ja nicht öffentlich, der Balkon – ist er nicht privat? Und ich zahle außerdem Miete dafür.

Und Sie antworten: Das ist doch ein Balkon, da gehören Geranien hin und Sonnenliegen, das ist doch ein Ort, für den sich Regeln machen lassen.

Ich nicke, ich kenne die Regeln. Der Balkon soll als solcher kenntlich sein, er soll so und so viele Zentimeter aus dem Haus herausstehen, er soll proportional zum Haus kleiner sein, auf keinen Fall größer, sonst entsteht ein Übergewicht. Seine Brüstungsstäbe sollen schmaler zueinander stehen als die Durchschnittsgröße eines deutschen Babykopfes, und er soll bloß nicht zum Klettern einladen. Schließlich seien ganze Revolutionen von Balkonen aus gestartet worden. Ich meine, so eine Balustrade ist doch ein Ort für ein Banner.

Aber – Sie wissen das sicher bereits alles.

Vielleicht sollte ich lieber fragen:
Was fällt Ihnen ein, wenn Sie an Balkone denken?

Vielleicht denken Sie an Romeo und Julia. Oder an den Papst. Vielleicht denken Sie an den Balkon ihrer Großtante, auf dem Sie als Kind hinter der Brüstung kauern, um das lesbische Paar vom Nachbar*innenbalkon zu belauschen. Oder Sie denken daran, wie Sie letzte Nacht über die Balkonbrüstung aus dem Haus geklettert sind, weil Ihre Loverin im Licht der Straßenlaterne auf Sie gewartet hat. Dort, wo Sie nach dem Sprung im Gebüsch hängen geblieben sind, haben Sie jetzt eine Schramme an Ihrem Schienbein.

Oder Sie denken an den Balkon, auf den Sie mit vierzehn Jahren gesperrt werden, weil Ihre Mutter Sie beim Rauchen erwischt hat und sagt: Du rauchst jetzt die ganze Packung auf dem Balkon, bis du weißt, was es heißt zu rauchen. Später erbrechen Sie sich über die Brüstung.

Oder Sie denken an den Balkon, auf dem Sie in einer schlaflosen Sommernacht sitzen, als der Nachbar die Straße hinaufgefahren kommt und Sie ihn dabei beobachten, wie er den kleinen Fiat, der vor seinem Haus parkt, mit seinem Landrover Stück für Stück von seinem selbst so bezeichneten *persönlichen* Parkplatz schiebt. Er steigt aus und geht ins Haus, Sie bleiben ungesehen.

Oder Sie denken daran, wie Sie achtzehn Monate auf einen Balkon für Ihre Wohnung warten, der nicht angebracht werden kann, weil es an Baugerüsten mangelt. Der Balkon wird montiert, eine Woche bevor Sie aus der Wohnung ausziehen.

Vielleicht denken Sie, wie ich, an den Balkon aus der Anfangsszene von *Lethal Weapon* und wie Amanda Hunsaker im Drogenrausch für einen kurzen Moment auf der Brüstung balanciert – entblößte Brüste, wehende Haare, glitzerndes Make-up – und schließlich springt. Auch in echt sprang sie, nur als Jackie Swanson auf einem Filmset, zehn Meter in die Tiefe, aber landete auf einem Luftkissen. Als Kind spulte ich oft zurück, sah mir die Szene wieder und wieder an, studierte ihre Bewegungen und ihren Blick, die Art, wie sie ihr Negligé trug. Haben Sie das auch gemacht? Nein? Schade. Ich dachte, wir hätten vielleicht etwas gemeinsam.

Vielleicht denken Sie an den Balkon, auf dessen Sofa einer eine halbe Nacht wartet, während Sie sich im Innenraum von seinem Freund anal penetrieren lassen, bevor er schließlich auf Ihre Brüste ejakuliert. Diesen Balkon haben Sie nie betreten.

Oder Sie denken an den Balkon, der eine Bühne ist, auf der Sie nackt stehen, die langen Haare als üppige Haarpracht über die Schultern gefächert, während zwölf Malschüler*innen unter den Anweisungen des Lehrers Sie zeichnen. Er bezeichnet Ihren Körper als *barock* und zeichnet in der Luft den Schwung Ihrer Wade nach.

Oder vielleicht erinnern Sie sich an den Balkon, den Sie auf einer Party direkt betreten, weil die wenigen Gäst*innen, die sich in den Innenräumen aufhalten, mit Deep Talk beschäftigt sind. Sie schließen hastig die Balkontür hinter sich, bemerken dann, dass es eigentlich ein wenig zu kalt für den Balkon ist, und krümmen die Füße, um mit möglichst wenig Körperfläche den Boden zu berühren. Dann bemerken Sie, dass recht viele Menschen auf dem kleinen Balkon stehen, und Sie fragen sich kurz, ob es eine Belastungsgrenze für diesen Balkon gibt und ob Sie jetzt die Person sind, die diese überschreitet. Aber Sie werden schnell von diesem Gedanken abgelenkt, denn Sie entdecken mich. Ich bin noch ein Kind und stehe mit meinen Schwestern und einem ihrer Boyfriends auf meiner ersten Party, halte ein Whiskeyglas mit Orangensaft in der Hand und eine Zigarettenspitze, die anstatt einer Zigarette mit einem Kajalstift bestückt ist. Ich trage einen kurzen Lederrock und ein enges schwarzes Rollkragentop, auf der flachen Brust wölbt sich der Stoff an zwei ausgestopften Stellen, und mein kindliches Gesicht wird von einer schwarzen Perücke eingerahmt. Meine Schwestern und der Boyfriend freuen sich, sie haben sich die Mia-Wallace-Verkleidung für mich ausgedacht, mir den Lidstrich und die Lippen angemalt. Meine Schwestern flüstern sich etwas ins Ohr, sie stoßen auf meine Verkleidung an, sie zwinkern sich über meinen Kopf hinweg zu, sie wispern *femme, femme, femme fatale.* Dann sehe ich auf und sehe Sie an, und Sie spüren auf einmal wieder die Kälte des Bodens. Vielleicht fühlen Sie sich ertappt. Sie schauen schnell weg und rüber zum Balkon des Nachbarn, der Ihnen auf einmal gar nicht mehr so weit entfernt erscheint. Sie überlegen, einfach rüberzuklettern und die Situation aus einer angebrachteren Distanz zu betrachten. Sie schwingen also Ihre Beine über die Brüstung und sehen durch den Ortswechsel auch die anderen Balkone an dem Gebäude. Sie stellen fest, dass ich auch auf dem Balkon darunter stehe. Ich trage eine Boxershorts und obenrum nichts, die Brüste habe ich zur Seite getapt. Sie sehen mich auf einem Balkon mit einem weiten Hoodie, mein Körper verschwindet darin. Sie sehen mich mit einem übergroßen Männersakko, darunter trage ich ein T-Shirt, auf dem BOSS steht, die Haare sind zurückgegelt. Sie sehen mich auf einem Balkon, auf dem es sehr heiß zu sein scheint, denn der aufgemalte Bartschatten läuft mir in Streifen am Hals herunter. Sie sehen mich auf einem Balkon und wie ich mich über seine Brüstung lehne, ein Banner daran befestige, auf dem steht: *Your Body is a Skyscraper.*

Sie stellen sich ganz kurz vor, Ihr Körper wäre tatsächlich ein Hochhaus, und Sie könnten mit dem Lift durch sich selbst hindurchfahren und frei wählen, in welchem Stockwerk Sie den Balkon betreten. Einundzwanzigstes Stockwerk: Die Aussicht ist eigentlich grandios. Dann schauen Sie vom Balkon nach unten, und Ihnen wird schwindelig, und Sie wischen durch die Luft, das hier ist schließlich nur Fiktion, was hat das mit Ihnen zu tun?

An dieser Stelle der von Ihnen bezeichneten Fiktion rieche ich auf einmal meinen ganzen Körper, und der Geruch, süßsauer, erinnert mich an Chicken Nuggets und wie ich den Boyfriends meiner älteren Schwestern immer aufgetragen habe, mir welche von McDonald's mitzubringen. Ich riss ihnen die Tüte aus der Hand, schmiss mich vor den Fernseher, schob mir die Nuggets mit der Soße an den Fingern in den Mund, während wir *Stirb langsam* schauten, zog mir später ein Unterhemd meines Vaters an und imitierte vor dem Spiegel Bruce Willis. Meine Eltern kommentierten das nicht. Meine Eltern kommentierten auch nicht, als ich anfing, die Musik der Boyfriends zu hören, ihre ausgewaschenen T-Shirts von Heavy-Metal-Bands zu tragen, mit ihnen auf Konzerte zu gehen. Aber als ich sagte, ich habe einen anderen Namen, sagte meine Mutter zu mir: Willst du jetzt wie dein Vater sein?!

Sie stehen jetzt wieder auf der Straße. Sie schauen auf die Uhr, Sie schauen hoch zum Balkon. Ich winke zwischen den Geranien hindurch nach unten, spucke oder schreie meine Worte. Natürlich kommt nicht alles an. Das meiste wird danebengehen. Und trotzdem wird der Text Sie mit ein wenig Körperflüssigkeit von mir treffen, oder Sie atmen das, was ich eben ausgesprochen habe, einfach so ein. Der Text hat einen Abdruck auf Ihnen hinterlassen, und Sie können nichts dagegen tun. Wie fühlt sich das an? Sagen Sie es mir nicht.

**Fred Heinemann**, geboren 1990, keine Pronomen / they, studierte Architektur und arbeitet als Sprachkünstler*in installativ, performativ und schreibend an / in Körper, Raum und Sprache.

Käthe Lorenz

## FLAWLESS

Schnitt.

»Wollen Sie das so lassen?«

Die Ärztin des Brustzentrums scheint irritiert. Es ist mein erster Nachsorgetermin und dies unsere erste Begegnung. Ich stehe vor ihr. Mit nacktem Oberkörper. Frage mich, ob es etwas weniger unangenehm wäre, wenn wir uns beide oben ohne begegnen würden, oder ob es die ganze Angelegenheit eher noch unangenehmer machen würde. Sie sieht mir nicht in die Augen. Blickt auf die Narbe, die sich über meinen linken Oberkörper zieht und die Zeugin ist, dass hier mal eine Brust war. Arbeitet sich routiniert durch den Termin. Das Gel wird mit einem furzenden Geräusch auf das Ultraschallgerät gepresst. »Bitte, legen Sie sich doch schon mal hin.«

Schnitt.

Ein Jahr vorher. Wenige Tage nach der Diagnose. Im Zimmer der Oberärztin. Sie kommt zu spät zum Termin. Entschuldigt sich. Eine OP mit Komplikationen. Gibt mir kurz die Hand. Öffnet den PC mit meiner Akte. Nickt, kneift die

Augen beim Lesen etwas zusammen. Ihr Blick ist fest, als sie konstatiert: »Wir können nicht brusterhaltend operieren. Wir machen das so, dass wir die Brust abnehmen und direkt ein Silikonimplantat einsetzen.«

Ich verstehe nicht. Nicke.

Dann nimmt sie den Hörer und ruft den hauseigenen Busenfotografen an. Kein Witz. So was haben die hier in der Frauenklinik. Ein paar Minuten später fegt er schon ins Zimmer, der Herr Busenfotograf, ausgerüstet mit dicken Fotoapparaten und dazugehörigen beeindruckenden Objektiven. Was der sonst so den ganzen Tag macht?, schießt es mir durch den Kopf.

»Wenn Sie sich bitte einmal obenrum freimachen würden?«

Ich stehe da.

Vor der Wand.

Irgendwie habe ich mir eine Modelkarriere anders vorgestellt. »Bitte die Arme einmal in die Seiten. Danke. Nach oben. Und bitte zur Seite drehen. Danke.«

Schnitt.

Eine Woche später. Eine Zweitmeinung. Eine andere Frauenklinik. Wieder: obenrum freimachen. Es ist schon seltsam vertraut, fremden Menschen meine Brüste entgegenzustrecken, die diese dann mit Blicken und Händen fachmännisch begutachten und pathologisieren. Hier wird mir etwas anderes geraten: »Nein! Wir machen auf keinen Fall direkt einen Brustaufbau bei Ihnen. Das ist viel zu riskant. Wir wissen ja noch gar nicht, ob nicht eine Bestrahlung nötig sein wird. Und das dann auf der linken Seite, wo das Herz ist, das ist viel zu gefährlich.«

Das klingt für mich logisch. Okay. Erst mal weg. Dann sehen wir weiter.

Ablatio. Geben wir dem Kind also den Namen Ablatio.

Schnitt.

Am Tag vor der OP.

Der junge, nerdig wirkende Assistenzarzt soll bei mir das »Einzeichnen« durchführen. Er vermeidet jeglichen Blickkontakt. Spricht eher mit seiner Tastatur als mit mir, als er erklärt, dass er jetzt gleich mit dem Stift einzeichnen wird, wo morgen der Schnitt gemacht wird. Also einmal mehr: obenrum freimachen.

Sehr gekonnt malt er schwungvolle Linien.

»Fertig«, sagt er dann.

Ich blicke an mir hinunter. Die Linien formen ein großes Auge auf meiner linken Brust, und die Brustwarze bildet den Augapfel.

»Ähm ... Entschuldigung«, sage ich, »das sieht ja jetzt so aus, als würden sie die Brustwarze mit wegschneiden?«

»Natürlich muss die mit weg.«

Ich schwanke. Das war mir nicht klar. Okay. Natürlich muss die weg. Alles klar. Sei tapfer, höre ich meine innere Oma Asta sagen, wer braucht schon Brüste, geschweige denn Brustwarzen? Und da muss ich schon gehen, denn die nächste Patientin wartet auf das »Einzeichnen«.

Ich gehe eine Runde in den Innenhof der Uniklinik Erlangen. Atmen. Weinen. Weiteratmen. Dem Impuls, wegzulaufen, widerstehen.

Schnitt.
Ein Jahr später. Eine andere Ärztin. Ihr Blick ist mitleidig, als ich mich vor ihr entkleide. Es kommt ihr kaum über die Lippen. Sie fragt betont einfühlsam: »Also, ich muss das jetzt mal fragen: Warum machen Sie denn keinen Brustaufbau? Ist das wirklich Ihr Wunsch? So zu bleiben? Als junge Frau? Da gibt's ja ganz tolle Möglichkeiten. Sie können ja auch mit Eigengewebe ... Oder doch Silikon? Na, können Sie sich ja noch überlegen ... «

Warum genau soll ich überlegen? Damit ich in die »Norm« passe? Damit ich wieder »gesund« aussehe? Damit Menschen bei meinem Anblick nicht mit ihrer eigenen Angst konfrontiert werden? Oder weil es unvorstellbar ist, dass ich mich mit einer Brust wundervoll und komplett fühle? Oder weil es im Protokoll steht? Wer hat denn gesagt, dass zwei Brüste schöner sind als eine oder keine? Macht mich das Fehlen einer Brust zu weniger Frau? Wo steht das? Im Anatomiebuch? Im Internet? Im *Brockhaus*? Und kennt den noch jemand? Diesen *Brockhaus*?

Ich erwidere ihren Blick. Schweige. Spüre Wut aufkommen. Fühle mich auch gedemütigt, so nackt vor der angezogenen Frau stehend, deren Blick über meinen Körper gleitet. Deren Blick anscheinend nur sieht, was da nicht mehr ist. Die nicht sieht, was da ist!

Schweigen. Wir halten den Blick.

»Wieso?«, frage ich schließlich. »Bin ich nicht schön?«

Sie guckt weg, wird rot. Nestelt übersprungartig in ihren Unterlagen herum. Es ist ihr sichtlich unangenehm.

»Doch, doch«, murmelt sie. »Ich dachte nur ...«

Schnitt.

Nach der OP. Der Moment, als die Schwestern gemeinsam mit mir die Bandage abnehmen. Ganz vorsichtig. Alles ist noch sehr empfindlich. Ich gucke nicht hin. Ich traue mich nicht. Habe Angst, dass mich mein neues Sein abschreckt. Dass ich mich ablehne. Dass ich mich vor mir selbst erschrecke. Ich sehe nicht hin, als könnte mein Nichthinsehen die Tatsachen verändern, die Zeit zurückdrehen, das Geschehene ungeschehen machen.

Es ist wie in zu kaltes Wasser gehen. Bis zum Bauchnabel im Wasser stehen und sich nicht trauen hineinzuspringen.

Auf drei. Eins. Zwei.

Ich springe. Schaue an mir hinunter.

Ja. Ich will das so lassen.

I woke up like this: flawless.

**Käthe Lorenz**, geboren 1980 in Regensburg. Nach dem Studium der Kulturwissenschaft mit ästhetischer Praxis an der Universität Hildesheim arbeitete sie von 2005 bis 2020 als Theaterpädagogin an verschiedenen deutschsprachigen Theatern (unter anderem Münchner Kammerspiele, Düsseldorfer Schauspielhaus,

Residenztheater München). Seit 2021 leitet sie die Geschäftsstelle der kom!ma, Verein für Frauenkommunikation, in Düsseldorf und ist zudem als freischaffende Biodanzalehrerin, Moderatorin und Theaterpädagogin tätig.

Alina Mathias

## »Begrenz mich«

Wenn ich mich auf das begrenze, was Du von mir denkst, wer begrenzt dann wen? Ich mich? Wir uns? Oder Du mich? Alles, was Du mir zutraust, das kann ich. Alles, wofür Du mich hältst, das bin ich.

Ruhig, dankbar, fleißig. Niemals wütend, immer respektvoll. Nur das, was Du richtig findest, habe ich wirklich gut gemacht. Mein Leben hat den Wert, den Du ihm beimisst. Und ich höre Dich noch sagen: »Oh, ich an Deiner Stelle, ich könnte das nicht. So eine Behinderung stell ich mir schrecklich anstrengend vor, was man da alles nicht machen kann! Bin mir nicht sicher, was ich getan hätte, müsste ich mit diesem Schicksal leben.«

Was mitschwingt, ist die unausgesprochene Vermutung, dass Du dieses Leben gar nicht gelebt hättest. Das tut weh. Stillschweigend habe ich mich bisher in Dein Bild eingefügt, weil alles andere so unbequem für Dich ist, und wer weiß, vielleicht brauche ich Dich und Deine »Hilfe« eines Tages. Ein bisschen kann ich Deinen Gedanken sogar verstehen.

Deshalb ist meine Grenze das, was Du Dir vorstellen kannst. Weil Du Dir mein ganzes Leben nicht vorstellen kannst – und wenn, dann nur als ziemlich traurigen Film, in dem sich der Protagonist am Ende umbringt –, traust Du mir nichts zu. »Du ziehst aus? Du arbeitest? Woanders als in einer Werkstatt? Ist ja wirklich schön zu sehen, wie Du Dein Leben in die Hand nimmst.«

Ja, bloß dass es nicht einfach nur mein Leben ist. Du nennst es Deine Inspiration, Deine »Kraftquelle«. Mir wird schlecht. Jemanden zu inspirieren, ist schön. Aber bitte nicht, wenn Du mich aufgrund meiner bloßen Existenz im Grunde bemitleidest. Oh, ich bitte Dich, begrenz mich nie mehr auf das, was für Dich möglich scheint!

Eigentlich ist das auch keine Bitte, das ist ein Versprechen an mich selbst: Deine Grenzen sind ab jetzt Deine, und ich setze meine selbst! Ich kann ab jetzt alles, was ich mir zutraue, und das ist wesentlich mehr, als Du denkst. Schwierig ist nur, dass Du immer ungefragt Deine Kommentare dazu abgibst, die mich dann wieder verunsichern.

Was ich lernen muss, ist, mich zu beschützen, anstatt mich zu begrenzen. Vor toxischen und ableistischen Menschen, die nicht bereit sind, zuzuhören und die eigenen Grenzen zu verschieben.
    Ich will frech sein und laut und kreativ. Mein Herz mehr auf der Zunge tragen. Feiern, ohne ein »Wie schön, dass Du

hier bist!«, das eigentlich sagen will »Wie beeindruckend, dass Du das Haus verlässt!«.

All das ist nämlich auch in mir, Du siehst es nur nicht. Deine Zeichnung von mir ist schwarz-weiß, obwohl in meiner Brust ein Regenbogen wohnt. Zum Glück gibt es Menschen, die ihn sehen. Mich wirklich sehen und mir versichern, dass ich gut genug bin. Ohne sie wäre ich heute nicht hier.

Wenn Du mir das nächste Mal ungebeten und unfassbar übergriffig »hilfst«, werde ich vielleicht immer noch nichts sagen, weil ich nicht mal wirklich wütend bin, sondern nur verletzt, aber ich werde gehen. Damit Du merkst, dass etwas falschgelaufen ist, und ich Zeit habe, mir zu überlegen, was ich sagen will.

Und wenn Du jetzt fragst, ob ich nicht langsam »über diese Lappalie hinweg bin«, werde ich sagen: »Nein, bin ich nicht, und das muss ich auch nicht sein. Wenn Du über mich urteilen willst, ziehe meine Schuhe an und gehe meinen Weg. Nur, und wirklich nur dann, wenn Du danach wieder hier ankommst, hast Du das Recht dazu.«

Und weißt Du was? Den Regenbogen, den lasse ich mir vielleicht eines Tages tätowieren. Um ihn von innen nach außen zu tragen und um nie wieder zu vergessen, was ich alles sein kann. Dass es unendlich viele Möglichkeiten gibt. Für mich vielleicht sogar mehr als für Dich.

**Alina Mathias**, geboren am 9. August 2001, ist seit ihrer Geburt schwerbehindert und arbeitet in der Verwaltung. Sie schreibt, seit sie denken kann, und träumt davon, irgendwann ein eigenes Buch zu veröffentlichen.

Tina Adomako

## Wie mich ein alter Mann dazu brachte, für Sie eine Rede zu schreiben

Wer hat Angst vorm schwarzen Mann oder, in diesem Fall, vor der schwarzen Frau? Neulich war ich auf dem Weg aus der Stadt zurück nach Hause, da kam ich an einem alten Mann vorbei, der versuchte, mühsam seine Mülltonnen von der Straße wieder auf sein Grundstück zu schieben. Er sah aus wie mindestens neunzig, gebeugt und gebrechlich. Ich sah, dass er Hilfe gebrauchen könnte. Also habe ich das getan, indem ich ihn höflich fragte, ob ich ihm dabei helfen könne, seine Tonnen zurück zum Haus zu schieben. Er schaute mich völlig erschrocken an, sagte schnell, nein, nein, nein, es ginge schon, und mühte sich weiterhin mit der Bürgersteigkante ab, über die er seine Tonnen nicht geschoben bekam.

Dann eben nicht, dachte ich. Suit yourself. Wer nicht will, der hat schon. Ich ging weiter und hörte hinter mir das Rumpeln der Tonnen und das Stöhnen des Alten. Ein paar Schritte weiter kam mir eine Frau entgegen, die zwei Hunde an der Leine führte. Als sie auf der Höhe des alten Mannes war, nahm sie offensichtlich seine Mühe wahr, und ich hörte, wie sie ihm ebenfalls ihre Hilfe anbot – und auch wie der Alte diese dankbar und erleichtert annahm. »Oh ja, das ist aber sehr freundlich von Ihnen.« Obwohl die Frau keine Hand freihatte, die Hunde an den Leinen zogen und zerrten, und es für sie daher gar nicht so einfach war, die Tonnen über die Bordsteinkante zu wuchten, war sie aus Sicht des Alten wohl die bessere Wahl. Der Unterschied zwischen dieser Frau und mir? Sie war weiß.

Alltagsrassismus nennt man das. Subtil, ganz ohne Springerstiefel oder Hassparolen. Alltag. Ziemlich normal eben. Als ich den Mann ansprach und er so erschrocken reagierte, konnte ich mir sofort denken, welche Bilder ihm durch den Kopf jagten. Wenn er so alt war, wie ich ihn einschätzte, dann hatte er als Kind die Kriegsjahre und Nachkriegsjahre erlebt. Seine Generationen, aber auch die Generationen danach wurden mit Bildern von Wilden oder bedürftigen Schwarzen sozialisiert. Bis heute wirken diese Bilder nach und beeinflussen, wie weiße Menschen Menschen mit dunkler Hautfarbe sehen und wie sie sich ihnen gegenüber verhalten. Wie der hilfsbedürftige alte Mann, der wahrscheinlich in der Schule noch gelernt hat, dass Menschen mit seiner Hautfarbe ganz oben in der Menschheitshierarchie angesiedelt sind, und Menschen wie ich, die die unteren Ränge belegen, kulturlos und gefährlich sind.

Der kahlgeschorene Nazi in Springerstiefeln, der »Ausländer raus« grölt, ist ein Rassist. Ganz klar. Das N-Wort zu verwenden, ist auch rassistisch, das haben die meisten inzwischen auch verstanden – aber Rassismus ist viel mehr, geht viel tiefer. Und Rassismus zu erkennen, ist nicht immer einfach. Wenn Sie sich nicht sicher sind, was Rassismus ist und welche Formen diese besondere Diskriminierung annimmt, ist das nicht schlimm, solange Sie bereit sind, sich damit auseinanderzusetzen und die Ursachen zu verstehen. Viele Menschen erkennen Rassismus nicht in all seinen Formen, sind verunsichert oder haben eine einfache Vorstellung davon – Rassisten sind AfD-Wähler oder Neonazis in Springerstiefeln. Das Problem ist aber viel komplexer.

Die Bilder, die weiße Menschen von nicht weißen Menschen haben, sind geprägt von einer sehr langen Geschichte von Versklavung, Kolonisierung und Unterdrückung. Wer bereit ist, sich ein wenig damit zu beschäftigen, kann vielleicht auch eigene Rassismen erkennen – und ablegen. Es schadet sowieso nie, sich mit Geschichte auseinanderzusetzen. In dem Land, aus dem ich nach Deutschland migriert bin, Ghana, gibt es bei den Ashanti ein Sprichwort, das »Sankofa« lautet, übersetzt »Geh zurück und hole es« bedeutet und von einem Vogel, der nach vorne geht, aber dessen Kopf nach hinten gewandt ist, symbolisiert wird. Das Sankofa-Konzept bedeutet: aus der Vergangenheit lernen für eine bessere Zukunft. Die Erinnerung soll dem Vergessen entgegenwirken.

Wenn wir also zurückgehen, finden wir in der Geschichte die Gründe und Erklärungen dafür, warum Menschen diskriminiert und benachteiligt werden – allein aufgrund ihrer Hautfarbe – und warum weiße Menschen bis heute Privilegien haben.

Wir verstehen dann, warum Schwarze Menschen oder

People of Colour, wie man uns heute nennt, mit Ausgrenzungen und einer Reihe von Benachteiligungen fertigwerden müssen, denen Weiße Menschen nicht ausgesetzt sind. Dass es diese Benachteiligungen überhaupt gibt, bekommen viele Weiße Menschen nicht mit. Und da sie nicht betroffen sind, kümmern sie sich auch nicht weiter darum.

In Deutschland haben es Menschen, die so aussehen wie ich oder die einen vermeintlich »komischen« Namen haben wie ich, deutlich schwerer bei der Wohnungs- oder Jobsuche. Wie oft habe ich in der Vergangenheit eine Wohnung oder einen Job nicht bekommen. »Ich auch«, denken Sie vielleicht. Aber Sie müssen sich nicht fragen, ob Ihre Hautfarbe den Ausschlag gab. Dass es diese Benachteiligung gibt, belegen bereits mehrere Studien. Murat und Mohammed bekommen eher <u>nicht</u> den Ausbildungsplatz, wenn sich auch Michael und Moritz darauf beworben haben. Nicht die Noten, sondern der Name ist ausschlaggebend. Menschen mit dem sogenannten »Migrationshintergrund« bekommen meistens die schlechter bezahlten Jobs, was zu einem niedrigeren Lebensstandard führt, was bedeutet, dass sie die engeren Wohnungen bekommen, was dazu führt, dass auch ihre Kinder nicht den gleichen Zugang zu Bildung und kulturellen Angeboten haben. Was wiederum dazu führt, dass diese später schlechtere Jobs bekommen und so weiter. Ein nicht enden wollender Zyklus, der zu weiteren Nachteilen führt: schlechtere Gesundheitsversorgung, mehr Erkrankungen, kürzere Lebenserwartung.

Sie haben es vielleicht auch in den Nachrichten mitbekommen, und Studien der Universität Harvard[1] zeigten, dass Schwarze Menschen in der Coronapandemie schwerere Krankheitsverläufe hatten und eine viel höhere Sterblichkeitsrate. Und auch generell eine schlechtere Gesundheitsversorgung. Was hat das nun mit Rassismus zu tun, fragen Sie sich? Das sind doch eher soziale Probleme. Doch die Gründe für diese Nachteile reichen bis in die koloniale Vergangenheit und noch weiter zurück. Schwarze Menschen wurden als minderwertig gelabelt, als keine vollständigen Menschen, als barbarisch oder als hilfsbedürftig. Große Denker der Aufklärung wie zum Beispiel Kant und Hegel lieferten ebenso die Vorlagen für Rassentheorien, die die weiße »Rasse« an die Spitze der Menschheit stellten.

»Die Menschheit ist in ihrer größten Vollkommenheit in der Race der Weißen«, schrieb Kant. Und Hegel ergänzte: »Der Neger[2] stellt den natürlichen Menschen in seiner ganzen Wildheit und Unbändigkeit dar.« Und er attestierte uns Schwarzen Menschen, »keiner Entwicklung und Bildung fähig« zu sein, »und wie wir sie heute sehen, so sind sie immer gewesen«.

Wenn nun mein alter weißer Mann das und Ähnliches als Kind und Jugendlicher in der Schule gelernt hat, wenn ihm in den Medien Bilder präsentiert wurden, die das Gelernte angeblich belegen, und wenn er nie die Gelegenheit hatte, das zu »entlernen« – wie sollte er denn auch anders als ängstlich und ablehnend auf mich reagieren? Das Gefühl der Überlegenheit, das viele weiße Menschen in sich tragen, beruht auf den vielen Privilegien, die sie über die Jahrhunderte für sich etabliert haben und die zu einer unreflektierten Selbstverständlichkeit geworden sind. Für meinen alten Mann mit der Mülltonne ist es vielleicht zu spät, diese Privilegien in Frage zu stellen und sie zu »entlernen«. Aber für Sie nicht.

Tina Adomako, geboren in London, Großbritannien, aufgewachsen in Ghana, studierte Englische Literatur und Afrikanistik an der University of Ghana und anschließend Germanistik und Romanistik in Freiburg. Sie arbeitet seit vielen Jahren als freie Journalistin, Rezensentin und Bildungsreferentin.

---

1 https://sitn.hms.harvard.edu/flash/2020/racial-disparities-in-covid-19/
https://www.hsph.harvard.edu/news/hsph-in-the-news/health-disparities-between-blacks-and-whites-run-deep/
https://harvardpublichealth.org/equity/what-science-tells-us-about-structural-racisms-health-impact/; letzter Abruf 11.11.2023

2 Anm. d. Verlags: Wir distanzieren uns von der Verwendung des N-Wortes und sind bemüht, in unseren Publikationen eine Reproduktion zu vermeiden. Aufgrund des Kontextes der Rede haben wir uns hier mit der Autorin aber dazu abgestimmt, dieses als historisches Artefakt abzudrucken.

Christina M. Erdmann

## Darf ich das so sagen?

Ein Bekannter fragte mich einmal, als was ich mich sehe, und fügte hinzu, er selbst sähe sich in erster Linie als Husumer und Schleswig-Holsteiner. Ich dachte nicht über meine Antwort nach, sondern antwortete spontan: »Als Erstes bin ich ein Mensch, dann eine Frau und dann eine Deutsche.« Niemand war von dieser Antwort mehr überrascht als ich. Es waren besonders Punkt zwei und drei, die mich noch lange beschäftigten. Ich hätte damals, mit Anfang zwanzig, nicht erwartet, dass mir mein Frausein so wichtig ist. In einer gleichberechtigten Gesellschaft groß geworden, war ich mir lange nicht bewusst über die Unterschiede zwischen Männern und Frauen und wie ich sie bewerten sollte. Ich war aufgewachsen in dem unerschütterlichen, durch meine Eltern vermittelten Glauben, dass ich alles werden könnte, alles sein dürfte, unabhängig davon, dass ich nun zufällig ein Mädchen bin. Ich ging als Prinzessin zum Fasching und später als Batman und Zorro. Das waren meine Idole. Es sollte noch lange Zeit brauchen, mich mit diesem Aspekt des Lebens auseinanderzusetzen. Ein Prozess, der immer andauern wird und der eine eigene Betrachtung verdiente.

Viel mehr als die Frage nach meinem Frausein beschäftigte mich aber der Punkt, dass ich mich an dritter Stelle als Deutsche sehe. Nun ist es eine Tatsache, dass ich in Deutschland geboren und aufgewachsen bin, dass ich Deutsch als Muttersprache spreche und mit den meisten Traditionen und Gepflogenheiten dieses Landes vertraut bin. Im Grunde also ist die Feststellung, dass ich eine Deutsche bin, nur einfach richtig. Aber als Mensch, der schon in jungen Jahren ein politisches Bewusstsein entwickelte, das links von der Mitte angesiedelt ist, stellte sich mir die Frage: Darf ich mich an so vorderer Stelle als Deutsche sehen? Wenn ich das laut ausspreche, gerate ich nicht sofort in den Verdacht, stolz darauf zu sein, eine Deutsche zu sein? Also jenes Argument zu gebrauchen, mit dem vor allem die neuen Nazis ihre Einstellung oftmals begründen?

Dieser Gedanke ging mir nicht aus dem Kopf. Immer wieder dachte ich darüber nach, und auch heute, nach gut zwanzig Jahren, lässt er mich nicht los. Meine Gedanken dazu sind sehr umfangreich. Eine Frage, die sich mir immer wieder aufdrängt, ist diese: Warum muss ich davor Angst haben, mich gerne als Deutsche zu bezeichnen? Nennt sich ein Amerikaner nicht Amerikaner oder eine Vietnamesin nicht Vietnamesin? Tun sie es nicht mit einem gewissen Nationalbewusstsein? Aber ich habe Angst, habe Hemmungen, meine Überlegungen so einfach auszusprechen. Habe Angst, man könnte mir schiefe Blicke zuwerfen, mich in eine bestimmte Ecke drängen. Und nach zwanzig Jahren des Nachdenkens weiß ich: Das ärgert mich! Ich möchte das Recht haben, mich eine Deutsche zu nennen und zu sagen, dass ich dieses Land liebe. Ich lebe gerne in Deutschland. Ich liebe meine Heimat, das Randgebiet der Lüneburger Heide, und ich liebe das Rheinland, wo ein Teil meines Herzens geblieben ist. Ich liebe die Sprache dieses Landes, mir gefallen viele unserer Bräuche, und ich bin glücklich, dass ich hier in relativer Freiheit lebe. Es erfüllt mich mit Freude, dass ich meine Meinung frei äußern kann und dass ich demonstrieren darf, wenn ich mit etwas nicht einverstanden bin. Ich höre schon meine Kritiker buhen: »Sie ist doch stolz auf Deutschland«, werden manche wispern, »Was für ein rechtes Gewäsch«, werden andere sagen. All das würde mich nicht überraschen, denn es sind Gedanken, die ich selbst habe.

Aber bin ich »stolz« auf Deutschland? Nein. Ich kann nur auf das stolz sein, was ich selbst geleistet habe. Oder vielleicht auf das, was bestimmte, mir nahestehende Menschen geleistet haben. Ich kann respektvoll anerkennen, dass es in Deutschland Menschen gab und gibt, die Großes und Hervorragendes geleistet haben. Vielleicht berühren mich ihre Geschichten etwas mehr, weil sie, wie ich, in diesem Land aufgewachsen sind. Aber sie unterscheiden sich ansonsten nicht von den Menschen, die überall auf der Welt Großes und Hervorragendes geleistet haben.

Sind es rechte Gedanken, die ich hier äußere? Da kommen wir schon eher an den Kern dessen, was mich beschäftigt. In dem Umfeld, in dem ich aufgewachsen bin, würden meine Worte ganz sicher in die rechte Ecke gedrückt werden. Ich selber hatte bis heute immer Angst, sie laut auszusprechen. Wie vielleicht die meisten Menschen in diesem Land, die in den siebziger, achtziger, neunziger Jahren und danach geboren sind. Man hat uns von klein auf beigebracht, dass wir, aufgrund der Geschichte dieses Landes, kein Recht haben, unser Land zu mögen oder gar zu lieben. Unser Land ist schuld an einem der schlimmsten Verbrechen der Geschichte. Es ist eine verdammenswerte Geschichte, die niemals, wirklich niemals vergessen werden darf. Und es ist keine Frage, dass alles dafür getan werden muss, eine Wiederholung dieser Geschichte zu vermeiden.

Aber ich wünsche mir auf der anderen Seite, dass wir uns, und hier benutze ich jetzt mal ein sehr gefährliches Wort, dass wir uns von dem »Schuldkult« befreien können. Ich bin rund vierzig Jahre nach Ende des Krieges geboren, es sind weitere vierzig Jahre seither vergangen. Was damals geschah, wird immer nachwirken. Auch wir jungen Menschen können und dürfen uns nicht der Geschichte entziehen. Es waren unsere Großeltern, Urgroßeltern oder noch frühere Generationen, die dem Faschismus den Weg ebneten oder ihn unterstützten, die sich mitschuldig machten an all den Gräueltaten jener Zeit. Aber es waren nicht wir. Wenn wir auch nie vergessen dürfen, was geschah, so müssen wir doch heute unsere eigene Geschichte leben, unsere eigene Identität finden und finden dürfen. Dazu gehört, in meinen Augen, auch eine kritische Auseinandersetzung mit der Identität als Deutsche oder Deutscher. Was bedeutet es denn eigentlich, Deutscher oder Deutsche zu sein? Reicht es schon, dass ich in diesem Land geboren wurde? Oder muss ich erst etwas Besonderes geleistet haben? Reicht es nicht vielleicht schon, wenn ich mich mit diesem Land identifiziere? Dass ich, auch ohne deutschen Pass, mich hier zu Hause fühle, geborgen, in Sicherheit? Dass ich sage, ich bin Deutsche, weil ich Deutschland mag? Und was muss ein Deutscher tun, um sich als Deutscher zu beweisen? Deutsch sprechen, deutsch denken? Muss ich alles an Deutschland mögen, um sagen zu können: Ich bin gerne Deutsche? Zumindest auf die letzte Frage fällt mir die Antwort leicht: Nein. Nein, denn es gibt vieles in diesem Land, was ich nicht mag, was mich sogar anwidert oder mich so wütend macht, dass die Wut fast in Hass umschlagen könnte.

Rechtsextremismus, Rassismus, Faschismus, Sexismus sind Beispiele dafür, aber auch die menschenverachtende Flüchtlingspolitik unserer Bundesregierung, die Menschen im Mittelmeer ersaufen lässt, damit wir uns hier nicht »von Flüchtlingen überrannt« fühlen müssen. Doch genau dieses Argument lässt mich wieder zum Anfang zurückkommen: Ich bin nicht zufrieden, aber ich darf es sagen, laut sagen, und muss nicht Angst haben, dafür verfolgt, eingesperrt oder ermordet zu werden. Das ist natürlich vor allem ein Argument für die Demokratie – jenes System, das wir in Deutschland leben und das es in jedem Falle zu schützen gilt.

Während ich mir diese Gedanken um meine eigene Identität mache und mich frage, wie viel »Liebe« in Ordnung ist, denke ich gleichzeitig daran, dass es auch in Deutschland Menschen gibt, die sich schon lange mit ihrer Heimat identifizieren. Haben Sie schon jemals einen waschechten Bayern getroffen, der sich nicht mit stolzgeschwellter Brust als Bayer bezeichnete? Und auch viele Schleswig-Holsteiner kennen keine andere Heimat als ihr geliebtes Schleswig-Holstein. Wird es ihnen jemals vorgeworfen, wenn sie freudig und glücklich über jene Teile Deutschlands sprechen, die sie ihre Heimat nennen? Sind aber nicht jene Gebiete auch Teile des Deutschlands, zu dem wir uns nicht offen bekennen können? Warum gibt es einen Unterschied?

Der Unterschied liegt darin, dass es Menschen gibt, die sich einer Nationalität bedienen, um sie über eine andere zu stellen. Menschen, die sagen, sie sind Deutsche und damit besser als alle anderen Nationen dieser Welt. Kein deutsches, sondern ein weltweites Problem. Wenn ich solche Aussagen höre, werde ich sehr, sehr traurig und auch sehr, sehr wütend. Kein Mensch steht über einem anderen! Wir alle sind Kinder dieser einen Welt, wir alle haben das gleiche Recht auf Leben, auf Sicherheit – aber auch auf Heimat. Ich kann in der ganzen Welt zu Hause sein, und doch wird es immer wieder diesen einen Punkt geben, an den ich zurückkehren kann und das Gefühl habe: Hier gehöre ich hin. Das ist Heimat.

Viele Menschen auf dieser Welt haben ihre Heimat verloren und verlieren sie täglich aufs Neue. Aber während Heimat dieser eine Punkt ist, den man nie vergessen wird, so kann doch ein Zuhause überall entstehen, wo man ankommt und ein Gefühl der Zugehörigkeit entwickelt. Vielleicht sagt genau so ein (entwurzelter) Mensch irgendwann: Ich bin hier angekommen, ich gehöre hierher, ich bin Teil dieses Landes; ich bin Deutscher. Wäre nicht genau das wünschenswert: wenn man sich mit seinem Land identifizieren, es lieben und schätzen kann, ohne den kritischen Blick zu verlieren? Wenn es nicht darauf ankommt, wo ich geboren bin, sondern wo mein Herz schlägt?

Wenn mein Bekannter mich heute fragen würde: »Was bist du?«, würde ich ihm immer noch antworten: Ich bin in erster Linie ein Mensch, dann eine Frau und an dritter Stelle eine Deutsche. Aber heute würde ich hinzufügen: Und ich freue mich, dass ich mich mit diesen drei Aspekten meines Seins identifizieren kann.

**Christina M. Erdmann**, geboren 1982, studierte Sozialarbeit in Koblenz, Kiel und Bremen. Sie lebt und arbeitet heute als freiberufliche Schriftstellerin und Nachhilfelehrerin in Tostedt.

Dr. Ute Altanis-Protzer

## Siebzig Jahre ungehalten

Ich bin Ute Altanis-Protzer, Ärztin und Medizinethikerin; ich bin fast achtzig Jahre alt und sehr ungehalten.

Seit mindestens siebzig Jahren. Also seit dem Alter von etwa zehn, in dem man zum ersten Mal wahrnimmt, dass man eine Grenze nicht deshalb hat, weil es eine Grenze gibt, sondern weil man ein Mädchen ist!

Und jetzt darf ich eine ungehaltene Rede halten, ernsthaft, eine! Ja, welche denn? Welche von den zahllosen, die sich ansammelten? In Jahrzehnten! Gedacht und nicht geschrieben oder geschrieben und in Schubladen versenkt.

Lassen wir die ersten *zwanzig Jahre außen vor*, denn die Zeiten, in denen Mädchen keine Ausbildung machen sollten, weil es sich bei ihnen nicht »lohnte«, weil sie »dann ja doch heiraten würden«, sind ja wohl vorbei – oder? Vielleicht, aber nicht deshalb, weil eine Erkenntnis gewachsen ist, sondern weil klarwurde, dass sich jeder selbst finanzieren muss? Ja, wir haben studiert, aber wie viel Kraft musste schon vorher aufgebracht werden! Lassen wir das.

Nehmen wir vielleicht die ***Dreißiger***? Wo man mir als junger Ärztin beim Besuch des Medizinkongresses das »Damenprogramm« in die Hand drückte und meine Frage, welches denn das »Herrenprogramm« sei, nicht verstand? Na ja, *damals* ... glaubt man, oder? Bis man dann vor kurzem auf Social Media einen Post einer Gefäßchirurgin liest, die am Abend eines Kongresses, wo sie Referentin war, beim Essen einer lebhaften Unterhaltung von männlichen Kollegen über ein Fachthema folgt und dann plötzlich so angesprochen wird:

»Oh Gott, wie unhöflich von uns. Jetzt haben wir die gesamte Zeit über medizinischen Kram gefachsimpelt, und Sie Arme mussten zuhören. Ich hoffe, Sie haben sich nicht zu sehr gelangweilt, das täte mir leid. Wie gefällt Ihnen Berlin?«

Die Kollegin hat das perfekt gekontert, schreibt aber: Bei nur sieben Prozent weiblichen Referentinnen sei eigentlich verständlich, dass man wahrscheinlicher für die Ehefrau eines Referenten gehalten würde.

Aber zurück in die Vergangenheit. In der man damals ganz pragmatisch nie Zeit für eine Karriere hatte, weil Kinder und Haushalt und das Zusammenhalten einer Familie schon sehr viel Zeit beanspruchten, was ganz klar war – nicht so klar aber (und daher schon damals sehr ungehalten vermerkt) war, dass hier nur die Frau selbstverständlich »zuständig« war. Das hat sich bald geändert, ist heute nicht mehr so? Seltsam, die Ergebnisse dieser neuen Haltung habe ich auch in der nächsten Generation bei meinen Töchtern nicht wirklich sehen können. Ebenso wenig die Angleichung von Gehältern oder eine gerechte Auswahl bei Bewerbungen.

Gibt es für Frauen und Selbstverwirklichung überhaupt ein Alter, welches richtig wäre? Zwischen »Ziemlich jung, kann noch schwanger werden« und »Schon fünfzig? Definitiv zu alt für uns« liegen alle Schattierungen der Ablehnung, nicht? Ja, man kommt irgendwo unter und arbeitet, natürlich, man kriegt das alles hin, aber nicht mehr mit Träumen – warum nicht? Muss man sich wirklich damit abfinden, nur Zuträgerarbeiten zu leisten für irgendeine Chefetage? Kann man sich motiviert und beharrlich forschend mit einer Thematik befassen, wenn man weiß, dass nach sechs Monaten die gleichen existenziellen Ängste auftreten, weil das Projekt ausläuft und man ein neues genehmigt bekommen muss? Nein, das betrifft mich nicht mehr, aber ich sehe es an den jungen, hochqualifizierten Wissenschaftlerinnen, die ich kenne. Ja, heute!

Und dann sind wir in den **Vierzigern und Fünfzigern** des Lebens und schon ziemlich müde durch Doppel- und Dreifachbelastungen, und es kommen die ersten Beschwerden. Aber als krank oder hilfsbedürftig wird frau damit nicht wahrgenommen, sondern als hysterisch, na ja, man weiß Bescheid. Männer haben Burnout, Zivilisationskrankheit sozusagen, sehr ehrbar, da sie sich für die Arbeit verausgabten – Frauen sind einfach klimakterisch, Hitzewallungen und so weiter, eben unangenehm. Und während das wieder keine ernsthafte Lösung für die Arbeit ist, hat von Männerseite im gleichen Alter schon die Suche nach Jugend, nach – sorry für den Ausdruck – Frischfleisch begonnen!

Aber nein, man definiert sich ja nicht über Männer, frau beißt alle Zähne zusammen und bildet sich unaufhörlich fort, ist dann endlich im Rentenalter und ganz frei. Jetzt kann ein neues Leben beginnen, ja, man findet den einen Job, seit langem wieder mal Begeisterung; man hat alle Kenntnisse, ist hoch motiviert und ohne zeitliche Begrenzungen; der Arbeitgeber ist angetan von den Unterlagen, macht einen Termin zum persönlichen Gespräch, und am nächsten Morgen kommt eine Mail mit irgendwelchen Höflichkeitsfloskeln und dem knallharten Wort »Altersgrenze siebzig«.

Wie bitte? Für einen Job, der außer Kenntnissen und dauernder Fortbildung vor allem viel Erfahrung braucht?

Ja, jetzt, mit fast achtzig, bin ich beinahe zu müde zum Ungehaltensein: Ich schreibe keine Bewerbungen mehr und habe mich arbeitsmäßig im Internet eingerichtet, denn da fragt mich keiner; und ich kann nur noch sagen, dass es in dieser Gesellschaft bis heute nirgendwo Gerechtigkeit gab und dass ich nicht weiß, wer das verbessern soll, vor allem nicht, wenn Frauen das alles nicht mitentscheiden können, weil sie, obwohl die Hälfte der Menschheit, fast immer in der Minderzahl der Entscheider sind. Und wir leben in einer Demokratie, in der die Mehrheitsentscheidung zählt, das ist klar, nicht? Trotz Müdigkeit bin ich weiter ungehalten, sehr ungehalten, über Reaktionen auf den kleinen Versuch der Sichtbarmachung durch Sprache. Ich bin ungehalten über massenweise Reaktionen auf #IchBinHannah, auf #MeToo, auf – nur ein Beispiel – Harvey Weinstein. Auf alles, was jetzt unter »Rammstein« angeklagt wurde, darüber, dass die schon 1988 im Film *Accused* so wirksam öffentlich gemachten »Selbst schuld«- Argumente nach fast vierzig Jahren gebetsmühlenartig wiederholt werden. Argumente, die selbst bei Verbrechen – ja, Vergewaltigung ist ja inzwischen glücklicherweise als ein solches anerkannt – immer weiter benutzt werden: durch unschuldsüberzeugte, arme Männer, die ja bekanntlich hirnlos sind und folglich keinen freien Willen besitzen? Und ich frage mich, ob dieses Verhalten nicht eher auf völlig unbegründetem Machtbewusstsein beruht, dem nicht nur Einsetzen, sondern Anbeten von Stärke dieser »Kerls«, die weiter auf den Bäumen hocken, »behaart und mit böser Visage«, wie Erich Kästner schon 1932 schrieb und wo ich bei der Lektüre immer nur dachte, man möge doch so nicht die Tiere beleidigen!

Sorry an alle ANDEREN Männer, aber sind Sie genug sichtbar?

Ich bin ungehalten darüber, dass in diesem unserem Land die gesamte Care-Arbeit eigentlich nur darauf ausgelegt ist, dass Frauen zu Hause bleiben, aber keine adäquate Vergütung und Absicherung erhalten. Ungehalten über steigende häusliche Gewalt, bei der etwa siebzig Prozent der Opfer weiblich sind, Tendenz steigend. Ungehalten, dass bei Frauen in der Medizin Herzinfarkte zu spät diagnostiziert und Schmerzen nicht ernst genommen werden. Ungehalten, weil Frauen von Altersarmut mehr betroffen sind, ja, die Gleichen, die vorher NICHT nicht wollten, sondern nicht durften.

Ich bin fast achtzig und ungehalten, und ich sehe, dass ich ungehalten sterben werde. Denn ich habe viel gelernt in so vielen Jahren, aber kann bis heute nicht verstehen, dass wir so viele Probleme gerade heute gemeinsam haben und es weiterhin so ist, dass Frauen die ewig gleichen zusätzlichen Schwierigkeiten nur deshalb haben, weil sie Frauen sind; ich bin ungehalten, weil ich keine Zeit und keine Geduld mehr habe und sehe, dass es so nie einen Fortschritt für alle geben kann, für alle Töchter und Söhne, für das, was eine gemeinsame Zukunft wäre – NEIN!

**Ute Altanis-Protzer**, geb. 1944 in Neisse / OS (heute Polen), Doktorin (Humanmedizin) und Magisterin (Literaturwissenschaft, Philosophie, Politikwissenschaft), studierte dazu Medizinethik. Ist nach fünfzig Jahren aktiver Medizin heute lehrend, denkend und schreibend unterwegs (www.grenzgebiete.net).

Sandra Meyer

## Ich bin VIELE

Hallo! Hallo? Ähm, ich bin hier! Hier bin ich! Hier!
Sehen Sie mich etwa nicht? Aber Sie haben doch extra diese Ausschreibung für –
Frauen sollen doch reden – ganz ungehalten – und ich bin doch –

Sie sehen mich tatsächlich nicht. Tja, aber eigentlich kenn ich das ja schon. Das geht mir, also das geht UNS – denn ich bin viele – ja schon seit Jahren so.

Ja, ich weiß auch, woran das liegt. Das sind die Falten. Deswegen sehen Sie mich, also UNS nicht. Hier, vor allem hier: »Marionettenfalten«. Die nennt man echt so, hab ich erst letzte Woche gelernt. Ich glaub, *in richtig* heißen die »Mentolabialfalten«. Aber ich ziehe die erste Bezeichnung vor. Marionettenfalten. Das gibt der Sache so etwas Fremdbestimmtes. Und ich finde das, wenn ich als WIR spreche, ziemlich treffend.
Aber es gibt noch haufenweise mehr Falten. Es gibt für jede Falte einen Namen. Das haben sich bestimmt irgend-

welche Kosmetiker oder Schönheitschirurgen ausgedacht, die mit der performativen Kraft dieser Worte Geld verdienen wollen.

Zum Beispiel, allseits bekannt: »Krähenfüße« – euphemistisch »Lachfältchen« – oder Stirnfalten, waagerechte und senkrechte, oder »periorale Falten«, das sind die zwischen Nase und Mund, und, *last but not least*, die »Zornesfalte«. Hier ist der Name Programm. Aber in unserem Fall ist es ein sehr leiser Zorn, so wie Falten generell ja auch leise und sehr still sind.

Wie? Wie bitte? Apropos leise? Hören können Sie mich auch nicht? Nur ganz, ganz schlecht? Ich rede zu leise? Tja, das ist, weil ich keine Stimme habe. Also verstehen Sie mich nicht falsch, anatomisch und physiologisch ist alles okay bei mir. Ich hab Scham-, äh, Stimmlippen, einen voll funktionsfähigen Kehlkopf, also in der Anlage ist alles einwandfrei. Aber meine, also UNSERE Stimme wird nicht gehört im Sinne von *erhört*. – Ist doch unerhört, oder?

Warum? Weil wir keine Worte haben. Weil es keine Worte für mich, also für UNS gibt. Weil wir im *Dazwischen* sind. Im grauen Bereich. Wir sind nicht mehr jung, aber auch noch nicht wirklich alt. Wir arbeiten in Vollzeit und sind Mutter in Teilzeit. Wir sind nicht mehr Geliebte, nur noch eingeschlafene Liebe. Wir sind überfordert und fordern noch mehr von uns selbst. Wir schrauben unsere Bedürfnisse auf null, lösen aber die der anderen voll ein. Wir haben nie Zeit und verlieren dadurch die wichtigste Zeit. Wir bleiben nie stehen und kommen trotzdem nie an.

Wir. Wir sind meist weiß, meist cis, meist in Geschlecht und Gender weiblich. Unsere Pronomen?

Wir? WIR gibt es eigentlich gar nicht. Wir, das sind viele, aber viele Einzelne, Vereinzelte, die keine Gemeinschaft bilden, die keiner Community angehören. Einfach zu unscheinbar, jede Einzelne von uns. Das verbindet nicht.

Wir, also WIR im Sinne von VIELE, bräuchten irgendwas Markantes. Ein besonderes Merkmal. Mit Signalwirkung. Wie eine rote Ampel. Rot. Rot wie Blut.

*Rucke di guh, rucke di guh, Blut ist im Schuh, der Schuh ist zu klein, ich, ich kann nicht die Rechte sein.*

Monatsblut. Wussten Sie, dass die Blutungen stärker werden, je mehr man sich der Menopause nähert? Ich wusste es nicht, selbst als ich schon mittendrin war, also in den sogenannten »Wechseljahren«. Die »Tage« werden stärker, und der Zyklus wird gleichzeitig kürzer. Ganz wunderbar, diese Wechseljahre, nicht wahr?

Und weil viele von uns Vereinzelten heutzutage so spät Mutter werden, sind wir den lieben langen Tag mit nichts anderem mehr beschäftigt, als Hygieneartikel zu wechseln, die Windeln vom Kind und die »Vorlagen« – auch so 'n Wort – von der Mutter. Stetes Wechseln, immer im Wechsel in den Wechseljahren.

Apropos Menopause. Wissen Sie, warum das MenoPAUSE heißt? Hab ich auch nicht gewusst. War nie Thema und ist es auch heute noch selten in meiner Alterskohorte. Frauen, selbst unter Frauen, im Sinne von *Betroffenen*, reden darüber nicht gerne, als wäre Menopause eine Geschlechtskrankheit. MenoPAUSE heißt nicht so, weil das Bluten kurz mal pausiert und danach unser ausgemergelter Körper heiter, frech und fröhlich wieder frische Eier produziert – könnte man ja meinen. Nein, »Pause« kommt vom lateinischen »pausa« und bedeutet »Ende, Stillstand, aus und vorbei, aus, fertig, ab«. Und die Wechseljahre, auf Griechisch »Klimakterium«, sind die Stufenleiter dorthin. Die Stufen rauf aufs Schafott oder dein »stairway to heaven« – wie man will.

Dieser letzte Abschnitt im Leben einer Frau, in meinem, in UNSEREM Leben, wird leider wie ein blinder Fleck behandelt. Womit wir wieder bei der Unsichtbarkeit wären. Es ist ein Niemandsland – niemand will dorthin, und sobald man dort ist, wird so getan, als gäbe es dieses Land gar nicht.

Dabei könnte es unser Eldorado sein. Ich mein das ernst. Ein Befreiungssymbol. Ein Bekenntnis. Ein Sichtbarwerden. Ein Ausstieg aus dem Schattenreich zwischen allem und nichts.

Als letzter Lebensabschnitt und mit dem Wissen, dass es der letzte ist, dass unsere Zeit nach hinten verkürzt ist und das Gefühl für Länge sich verändert, könnten wir *in actu* gehen.

Aber dazu müssen wir darüber reden. Wir müssen Worte finden für diese letzte Zeit, die wir hier verbringen werden. Und wenn wir mit dem Ende angefangen haben, arbeiten wir uns von dort rückwärts vor bis zu unserem Anfang. Die ganze Lebensspanne hindurch. Und finden Worte dafür. Für jede Lebensphase, für jeden Lebensbereich, für jedes Lebensproblem. Für unser Leben.

Aber das geht nur, wenn wir aus der Vereinzelung heraustreten und uns als Gemeinschaft empfinden und finden.

Und was brauchen wir dafür?
    Eine Stimme, eine gemeinsame Stimme. Mit der wir gemeinsame Worte suchen und sprechen. Um erhört zu werden. Um sichtbar zu werden. Um WIR zu sein und nicht mehr nur VIELE.

**Sandra Parole Meyer**, 48, ein Partner, ein Sohn, zwei Katzen. Geboren und aufgewachsen an der französischen Grenze. Magistra in Philosophie, Französisch und Phonetik. Freie Redakteurin und Autorin für Kinder- und Schulbücher. Musikerin. Zurzeit Schreibausbildung im Schreibhain in Berlin.

Michèle Métail

## BESCHREIBUNG EINER UNSICHTBAREN REDE
*(Mit dem Rücken zum Publikum)*

Sie wartet auf ihren Auftritt
Und bleibt hinter dem Vorhang stehen
Sie zögert lange
Sie überlegt, womit sie beginnen soll
Nach einer Weile fängt sie an, schüchtern
Ihre Lippen öffnen sich leicht
Sie murmelt
Sie munkelt
Zuerst ist ihr Wispern kaum vernehmbar
Nur ein Hauch
Eine Flüsterstimme, die ziemlich monoton und langweilig
    klingt
Kein einziges Wort ist daran richtig verständlich
Nur ein undeutliches Geräusch im Hintergrund
Sie fährt fort, raunend
Sie spricht, wie für sich selbst
Wie in einem inneren Monolog
Sie stammelt
Es wird ihr allmählich einfacher, ihren Text vorzutragen
Sie bemüht sich, klarer auszusprechen

Sie artikuliert
Sie fühlt sich erleichtert
Mit festerer Stimme liest sie weiter vor
Sie scheint Spaß daran zu finden
Selbstverständlich kann sie keinen Blick auf das Publikum werfen
Sie spürt trotzdem die seltsame Spannung der Aufmerksamkeit
Es gibt ihr Mut
Sie spricht lauter
Sie geht Schritt für Schritt vor
Entschlossen
Erstens verweist sie auf historische Forschungen
Sie zitiert manche berühmte Autoren
Nach akademischer Art begründet sie ihre Analyse bis ins Detail
Als Beweis vergleicht sie Epochen und Verhaltensweisen
Professoral
Sie schildert eine lebendige Situation
Sie berichtet über gesellschaftliche Umstände
Sie betont die Rolle der Justiz
Sie deckt die Verantwortung der Behörden auf
Sie macht die Langsamkeit ihrer Entscheidungen bekannt
Sie versucht, ihre Bemerkungen ausführlich nachzuweisen
Überzeugend
Gleichzeitig erklärt sie, warum Missverständnisse immer wieder vorkommen
Warum die Kluft zwischen Menschen sich auftut

Sie argumentiert
In der Hoffnung, eine Basis für ein erneuertes Zusammenleben zu schaffen
Sie gibt zahlreiche Beispiele
Sie bringt unwiderlegbare Argumente aus einer ganz neuen Perspektive vor
Sie wiederholt die seit langem festgestellten Ursachen
Sie hat die Absicht, endgültig alles zu enthüllen, was bis jetzt noch verstummt, versteckt liegt
Mit Nachdruck
Sie will einfach die Wahrheit an die Öffentlichkeit bringen
Direkt
Diese Tatsachen sollen kein Geheimnis mehr bleiben
Sie ist überzeugt, dass ihr Kampf gerecht ist
Sie ergreift hier eine einmalige Gelegenheit, das Verständnis und die Zustimmung der Teilnehmer zu erhalten
Ihr Vorgehen zeigt schon konkrete Fortschritte
Mit Begeisterung verschönt sie Umstände und Statistiken
Sie tendiert auch manchmal zu Übertreibungen
Sie verzichtet auf kein Ausdrucksmittel
Sie greift zur Metaphorik, zu rhetorischen Figuren
Es scheint ihr notwendig
Sie vertraut sich selbst desto mehr
Sie drückt sich jetzt mit Emphase aus
Sie verteidigt ihre Sichtweise
Sie bekräftigt ihre Überzeugungen
Sorgfältig skandiert sie jeden Satz
Wie beim Deklamieren

Leider sind in diesem Kontext ihre Worte kaum akzeptabel
Plötzlich reagieren manche im Publikum
Husten, Gelächter, Spötteleien machen sich hörbar
Es sind nicht viele, die sich äußern
Alle Anwesenden merken aber, wie sie ihr ins Wort fallen
Betroffen und nachdenklich
Sie darf doch ganz legitim sprechen, meint sie
Hat sie in ihnen etwas Unangenehmes erregt?
Ist sie vielleicht zu weit gegangen?
Hat sie ihre eigene Meinung ungeschickt geäußert?
Sie findet es überraschend, unfreundliche Reaktionen zu verursachen
Sie kann das einfach nicht fassen
Sie beherrscht sich
Sie erduldet diese Unterbrechungen
Sie spielt ihre Wirkungen herunter
Im Alltag ist sie geübt, Schwierigkeiten zu minimieren
Wie immer ist sie zurückhaltend
Sie fühlt sich abgewiesen, bedrückt
Sie fasst sich wieder
Mühsam
Sie entschließt sich, zu ihrer Behauptung zu stehen
Sie erläutert den Grundbegriff ihrer Theorie wieder
Sie verknüpft diesen Zwischenfall mit früheren Erlebnissen
Sie zieht keinen radikalen Schluss daraus
Sie unterstreicht einfach das Wichtigste, ohne zu provozieren

Sie hebt den Unterschied zwischen beiden Seiten hervor
Leider wird ihre Erklärung von ihren Gegnern sofort stark kritisiert
Sie überlegt lange
Wie kann man diese verschiedenen Standpunkte berücksichtigen?
Wie kann man einen Kompromiss schließen?
Sie legt noch einmal das Wesentliche in ihrem Schluss dar, genauer
Sie beweist die Echtheit ihrer Feststellungen
Sie nimmt die Lügen der anderen übel
Ihre Argumente finden leider keinen Widerhall beim Publikum
Noch schlimmer, das abfällige Gemurmel hört nicht mehr auf
Sie fühlt sich beleidigt
Sie versucht, beherrscht zu bleiben
Sie verliert ihr Selbstvertrauen nicht
Sie hält hartnäckig an ihrer politischen Einstellung fest
Sie gelangt zu der Feststellung, dass die Gleichberechtigung jetzt auf dem Spiel steht
Sie akzentuiert das Wort
Sie spricht unentwegt weiter
Immer lauter, immer schneller
Ihr Stil wird bissiger
Sie empört sich über die zynische Fälschung ihrer Gegner
Mit allen Zeichen des Entsetzens verteidigt sie sich heftig gegen Vorwürfe

Die Konfrontation wird unvermeidlich
Die Lage ist nicht mehr zu halten
So viel Ärger erregt ihren Zorn
Sie ist wütend
Sie murrt
Sie knurrt
Sie erzürnt sich über diese Wildheit
Sie will ihre Antwort nicht mehr mäßigen
Sie kontert
Sie stichelt
Sie explodiert
Sie revoltiert
Und es legt sich nicht
Es hagelt Proteste, hetzerische Worte
Sie fühlt sich erniedrigt
Ihr Zorn ist maßlos
Sie atmet schneller
Sie soll jetzt nach Luft schnappen
Sie ist erschüttert
Sie zaudert
Sie schaudert
Sie erstarrt
Sie ist erschöpft, seufzend
Außer Kraft
Sie steht bewegungslos
Sie verstummt
Sie verschweigt es
Sie schweigt

Sie schweigt still
Sie schweigt sich tot

*(Sie dreht sich um)*

Das Fenster ist geöffnet
Der Vorhang bewegt sich mit dem Wind
Es kommt Lärm von draußen
Es ist Zeit, aufzutreten

**Michèle Métail**, geboren 1950 in Paris. Promovierte in chinesischer Literatur. Lebt und arbeitet in Südfrankreich als freischaffende Autorin und Performance-Künstlerin.

Ungehaltene Frauen
**Sag jetzt nichts, lass mich zu Ende reden!**
Neue ungehaltene Reden ungehaltener Frauen

**Jetzt reden wir!**

Frauen ergreifen das Wort. Sie sind jung, sie sind alt, sie kommen von überall und haben die unterschiedlichsten Geschichten. Doch eines haben sie gemeinsam: Sie sind ungehalten. Und sie wollen nicht länger schweigen in einer Welt, die Frauen immer noch viel zu wenig zu Wort kommen lässt. Die in diesem Band versammelten Reden sind zornig, komisch oder nachdenklich. Gemeinsam und mutig erzählen sie von Verletzlichkeit, Widerstand und Aufbruch.

208 Seiten, Klappenbroschur

Weitere Informationen finden Sie auf
*www.fischerverlage.de*